MON OMBRE
SIAMOISE

DU MÊME AUTEUR

Contre bonne fortune, Belfond, 1983. J'ai lu, 1985.

GUY DE ROTHSCHILD

MON OMBRE SIAMOISE

BERNARD GRASSET
PARIS

Tous droits de traduction, de reproduction et d'adaptation
réservés pour tous pays.

© *Éditions Grasset & Fasquelle, 1993.*

*A Marie-Hélène,
ma tendre et plus sévère critique*

Avant-propos

J'ai longtemps hésité à m'atteler à ce livre, intimidé par une tâche moins définie et plus abstraite que le simple récit de mes expériences vécues.

Comment savoir, assis à une table devant une feuille blanche, si un lecteur trouvera quelque intérêt à ce que j'expose mes pensées, mes opinions, mes états d'âme ? Je sais par expérience qu'il faut s'attendre à bien des surprises quand on a l'outrecuidance de publier un livre.

C'est ainsi qu'un matin de 1984, à New York, une jeune personne que je venais de croiser dans la rue fit demi-tour et m'interpella par mon nom dans un français impeccable. Plutôt grande, d'allure sportive, une figure

Mon ombre siamoise

large, saine, blonde avec une queue de cheval, portant des blue-jeans, elle me dit : « Je vous ai écrit à propos de vos Mémoires et je suis restée sans réponse. »

A quoi je répliquai que ce n'était pas possible car j'avais scrupuleusement répondu à toutes les lettres que m'avait values la publication, au printemps précédent, de mon autobiographie. « Oui, dit-elle, mais la mienne n'était pas gentille. » Et à ma stupéfaction, d'un coup, m'est revenu en mémoire l'unique courrier déplaisant écrit, en effet, par une jeune fille qui avait trouvé choquantes ou de mauvais goût les images du couple que je forme avec Marie-Hélène, moi si vieux, elle si jeune. Effectivement, comment aurais-je pu minimiser une différence d'âge qui, même importante, n'a rien d'anormal; paraître vexé eût été ridicule. Le silence s'était imposé. « Ah! oui, dis-je, c'est donc vous qui m'avez parlé d'inceste ? — Je n'ai pas prononcé ce mot », répondit-elle, avouant ainsi que tel avait bien été le sens de son commentaire. Rétrospectivement irrité, je lui affirmai avec force que sa lettre était stupide. Je répétai

Avant-propos

stupide. « Ah! bon », dit-elle, ayant perdu son impertinence; l'air déçu, contrit, elle fit demi-tour et s'en alla.

Quoi qu'il advienne, nullement découragé, je me suis permis de battre la campagne en exprimant des émotions ressenties, des observations que la vie m'a inspirées, en faisant part de remarques sur la France, sur l'Europe, sur la religion, sur l'avenir. Je me suis efforcé de suggérer ce qui pourrait être, de justifier ce qui me paraît souhaitable, d'exposer ce que je crois avoir compris, de recommander ce que je trouve moral. D'autres jugeront.

Il n'y a rien de plus ennuyeux que les affirmations péremptoires faites par des esprits dogmatiques.

Première partie

MON CŒUR

CHAPITRE PREMIER

Mon ombre siamoise

« Je ne veux de mérite que pour ce que j'ai su faire. »

Puisque vous avez pris la peine d'ouvrir ce livre, le mieux est que je vous dise franchement qui je suis avant même d'exprimer ce que je ressens.

La réussite de mes ancêtres, au siècle dernier, a donné lieu sinon à une légende, du moins à un mythe où se mêlent la puissance, la sagesse, le luxe et la richesse. A cela s'ajoutent des demeures prestigieuses, remplies d'objets d'art, où résonne sans doute l'écho de fêtes brillantes, et d'une fortune devenue proverbiale. Il suffirait de moins que cela pour camper un personnage comblé par les fées de toutes les grâces, de toutes les richesses, odieux pour les uns, intéressant pour d'autres

Mon cœur

et au premier chef éditeurs, journalistes, photographes, tous ceux qui font du fantasmagorique leur pain quotidien. Il n'est que trop tentant d'attribuer, de surcroît, à ce personnage les défauts de l'homme gâté, insensible, m'as-tu-vu, hautain, se croyant tout permis, ne supportant pas la contradiction. Je rejette tous ces défauts. Pour moi et les membres de ma famille. Ce personnage irréel doit son existence aux rêves, aux souvenirs d'un temps lointain et à beaucoup d'exagérations. Depuis l'enfance, il nous suit comme une ombre. Il colle même à la peau comme un frère siamois. La vie n'est pas une image d'Épinal et je suis un homme du XXe siècle, même si je sais devoir beaucoup aux générations précédentes. Cet autre « moi », le « moi » des autres, est sans cesse intervenu dans mon existence. Il a cherché à rabaisser mes mérites. Il a tenté de me faire croire que, sans lui, je n'aurais pas pu réussir ceci ou cela. Je suis parvenu, enfin, à trouver avec lui un modus vivendi, à obtenir qu'il cesse de se pavaner, qu'à défaut de modestie il demeure discret. En échange, je lui permets de se faire photographier avec Marie-Hélène en ma compagnie sur les marches de

Mon ombre siamoise

l'Opéra-Comique. Mais j'ai toujours dû rester sur mes gardes. Dans ma jeunesse, je l'ai surpris à faire de l'œil par-dessus mon épaule à de charmantes personnes que j'espérais séduire. Néanmoins, et quoi que je puisse penser, mon ombre siamoise fait partie de moi-même et de mon image. Cela m'a toujours incité, par réaction, à ne compter que sur mes propres efforts pour avancer dans la vie.

C'est à mes parents que je dois d'avoir rejeté la vanité des fausses valeurs, d'avoir compris qu'un prestige hérité n'était qu'un leurre, que nous sommes seuls responsables de notre existence. Je n'ai pourtant jamais eu honte de tous les privilèges dont j'ai joui. La société moderne n'aime guère les riches. Mais je crois pouvoir affirmer que je n'ai jamais été un « play-boy », que je n'ai pas galvaudé l'argent, que j'ai toujours su qu'il doit servir à travailler, à créer, à donner du bonheur. Pendant toute la durée de mes études, jusqu'à l'obtention de mes certificats de licence, j'ai vécu sans avoir à me préoccuper d'un nom encombrant, de jalousies suscitées par mon sort privilégié, ou d'hostilité à mon judaïsme. Une fois, une seule, pendant

Mon cœur

cette longue période, un garçon, qui m'était antipathique et à qui je l'étais tout autant, m'a déclaré qu'il avait une « bonne injure » à m'adresser, mais que ses parents lui avaient interdit de la prononcer. Nous en sommes restés là. Plusieurs années après, en y réfléchissant, il m'a paru clair qu'il s'agissait d'une remarque antisémite. Pourquoi ai-je réagi si tard ? Parce que rien dans mon enfance ne m'avait préparé à cela. Ai-je été aveugle ou sourd ? Je ne le crois pas. Seules les excessives précautions de ma mère m'ont gêné. J'apparaissais moins « grand garçon » que mes camarades. Qu'on me conduise en auto au lycée n'était pas pour moi la marque d'un luxe gênant, seulement la démonstration que je n'avais pas le droit d'y aller tout seul, par mes propres moyens, comme tous les autres.

En revanche, mes parents n'ont jamais commis l'erreur d'accorder à leurs enfants trop de facilités et d'indulgence. La réglementation était stricte quant aux horaires et aux sorties. L'obligation de travailler, de passer les examens, d'avoir un métier, de respecter la religion était permanente. Il n'a jamais été ques-

Mon ombre siamoise

tion d'une quelconque échappatoire au service militaire ou de la moindre affectation protégée en cas de guerre. Toutes les petites difficultés qu'avaient fait surgir les excès de la sollicitude maternelle étaient certes fort banales. J'en ai pourtant traîné les séquelles durant toute mon adolescence. Un être protégé est un être incomplet.

La morale de cette histoire est que, si précieux que puissent être les privilèges, on en paye toujours le prix. Devenir adulte ne dépend que de soi-même et, dès mes premières années à la banque je rongeai mon frein. Bientôt la guerre devait projeter le jeune homme que j'étais dans le monde du réel. Les épreuves qu'elle me réservait m'ont fait mûrir au pas de charge.

Né avenue des Champs-Élysées, j'éprouve une fierté puérile à être si parisien. Mes parents et trois de mes grands-parents l'étaient également (une grand-mère était anglaise). Mon attachement à Paris n'est pas un héritage, c'est l'expérience personnelle de toute une vie. Chaque fois que j'en ai été éloigné, la cons-

Mon cœur

cience de l'unicité de mon port d'attache était plus aiguë.

Quand je revins à Paris en août 1944, officier chevronné, aux premiers jours de la Libération, cela faisait près de cinq ans que la ville s'était effacée de ma mémoire. Cinq années durant lesquelles j'avais refoulé, très loin, le souvenir de tous les endroits familiers, de tous les monuments, les places, les avenues, les petites rues auxquels était toujours accrochée ma vie d'enfant, puis de jeune homme. A mon retour, j'ai eu l'impression de retrouver ma propre identité, de retrouver ma mémoire.

Quarante ans plus tard, en 1982, après la nationalisation de nos affaires, je choisis d'aller m'installer quelque temps aux États-Unis. Il ne s'agissait bien évidemment pas de faire la guerre. Je n'avais pas été chassé par un ennemi mortel. Je voulais simplement reprendre goût à l'initiative et à l'action auprès de notre banque new-yorkaise, dans l'atmosphère vibrante de Wall Street. A aucun moment je ne me suis senti exilé. Pourtant, il suffisait que Marie-Hélène me raconte au téléphone son dîner de

Mon ombre siamoise

la veille dans un bistrot pour que surgisse en moi, un instant, le mal du pays.

Cet attachement à Paris m'a fait accéder à la demande d'un diplomate espagnol. Il voulait que j'écrive le prologue à un ouvrage consacré aux femmes qui avaient habité l'hôtel de Talleyrand[1]. Ma mère et ma grand-mère en faisaient partie. Cet hôtel, construit par le comte de Saint-Florentin, avait été acheté par Talleyrand et acquis par ma famille au milieu du XIXe siècle. C'est là que j'ai passé mon enfance, ma jeunesse. Les phrases qui sont venues sous ma plume trahissent une telle tendresse que j'y vois une excuse, pour une fois, à me citer moi-même : « Pour un enfant, une maison n'est guère plus qu'un objet d'usage, comme une fourchette, une table ou un pantalon. La "rue Saint-Florentin" où j'avais vécu jusqu'à mon mariage, m'était apparue à moi aussi sous ce jour prosaïque, et la notion que Talleyrand y avait vécu, y avait reçu le tsar de toutes les Russies, me paraissait lointaine, presque

---

1. *Las Damas de Saint-Florentin*, de Émilio Beladiez, Madrid.

Mon cœur

irréelle, et me touchait moins que les confidences de la lingère ou les éclats de voix de la concierge.

« Le tourbillon de la guerre m'arracha pour toujours à cette maison de mon enfance et, à mesure que le souvenir s'estompait, ce sont des fantômes qui sont apparus : mes parents d'abord, que je vois heureux et souriants ; puis mes grands-parents, que j'imagine du haut de leur Belle Époque, regardant avec tendresse les petits-enfants qu'ils n'ont jamais connus. Plus loin, avant ma famille, viennent enfin ces illustres seigneurs du XVIIIe siècle et de l'Empire dont j'ai côtoyé pendant des lustres les ombres indifférentes et fières. Quand leur maison a été livrée aux bureaucrates, leurs empreintes se sont enfuies et la maison elle-même a perdu son âme pour n'être plus qu'un amas de pierres froides listé dans un Guide Bleu. J'aime à penser que les grandes dames des temps lointains qui ont entouré, sans le savoir, mon enfance, auraient été bienveillantes pour moi. Quand j'aurai disparu à mon tour, le fil invisible qui transmet à mes rêveries évanescentes, comme un écho de leurs émotions, de leurs joies et de leurs peines, ce fil qui

Mon ombre siamoise

les rattache un peu au monde des vivants, abandonnera leurs personnages qui viendront se figer pour de bon dans la galerie désodorisée de l'Histoire. »

J'ai maintenant la chance d'habiter, depuis quinze ans, l'île Saint-Louis. Je suis chaque jour plus convaincu que Notre-Dame de Paris est le symbole parfait de Paris, de la France.
- Elle est la beauté absolue.
- Elle est le témoignage historique de l'alliance de l'Église et de la Monarchie, fondement de la future nation.
- Elle est un lieu de mémoire où la France rend un dernier hommage à ses grands hommes et rend grâces à Dieu de l'avoir sauvée des pires désastres.
- Elle est la cathédrale où de Gaulle a communié avec Paris le jour de sa libération en ajoutant une étoile à sa légende par son dédain de la fusillade.
- Notre-Dame, mystérieuse au travers d'une brume d'automne, abrite l'amour de Quasimodo et le fantôme d'Esmeralda.

J'aime la culture, les arbres, les prés. Je demeure volontiers à la campagne ; je suis par-

Mon cœur

ticulièrement sensible aux paysages verts, boisés, à l'imbrication de l'eau et de la terre. Je ne suis pas un homme des sables, des Tropiques ou des terres exotiques ; mes goûts casaniers me ramènent toujours en France, à portée raisonnable de Paris. C'est clair : je ne suis pas un original. Mon attachement à la terre de France est un sentiment sobre : il ne ressemble pas à certaines démonstrations excessives qui relèvent plus du paganisme des druides que d'un superlatif patriotique. Il ne manque pas d'étrangers qui partagent nos goûts et pour qui la France est une seconde patrie. Maurice Bowra, sommité anglaise en matière de littérature, déclarait à qui voulait l'entendre que la civilisation commençait au sud de la Loire ; j'ai bien compris que la douceur du climat, la bonne cuisine et le vin abondant n'y étaient pas pour rien. Nous privilégions, sans doute, plus que d'autres, nos habitudes au point de nous méfier instinctivement de tout ce qui vient d'ailleurs.

J'avais conservé de mon éducation scolaire une image idyllique (et ô combien discutable) de la Révolution ainsi qu'un enthousiasme

Mon ombre siamoise

sans borne pour l'épopée napoléonienne. A ce jour, je ne me suis pas encore consolé qu'à Waterloo, ce ne fût pas Grouchy mais Blücher. D'instinct, j'ai associé patriotisme et obligations militaires que j'ai remplies scrupuleusement : service militaire à Saumur dans la cavalerie, périodes d'instruction et, surtout, années de guerre.

On dit aujourd'hui que le patriotisme serait une valeur surannée. Je n'en crois rien. J'ai effectivement rencontré au cours de ma dernière période militaire, avant la guerre, des hommes qui disaient préférer être des Allemands vivants que des Français morts. Dilemme stupide. Ils ne voulaient pas se battre pour leur pays, voilà tout. Mais qui donc en période de paix, en pleine santé, heureux de son existence, brûle d'impatience d'aller mourir pour une cause irréelle ? Deux ans plus tard, en revanche, les mêmes ont fait comme les autres et personne n'a attribué la déroute à une quelconque lâcheté du 2e classe.

La guerre efface les différences économiques et sociales entre les hommes; elle est égalisatrice ; mon ombre siamoise n'y avait pas sa place. Elle n'a rien pu faire de mieux que se terrer... Sauf une fois, où elle n'a pas pu s'empêcher de dire son mot. En avril 1943, j'avais été torpillé en mer et repêché après une nuit entière passée dans l'eau froide de l'Atlantique. Débarquant en Écosse quarante-huit heures plus tard, l'uniforme en piteux état, sentant le mazout, mon ombre siamoise a murmuré dans mon oreille : « Crois-tu qu'ils savent qui tu es ? » Il ne me restait ni assez de forces, ni assez d'humour pour lui éclater de rire au nez.

Après la Libération, mon ombre siamoise a cherché, en vain, à se replier sur les entreprises Rothschild puisque, dès 1950, je suis devenu chef d'entreprise. Ma personnalité professionnelle lui échappait, tandis que la notoriété historique de ma famille s'appliquait de plein droit à l'institution, et non pas à moi. La banque est bien l'héritière des ancêtres du siècle dernier et, même si elle a une forme et des activités différentes, leur souvenir fait partie intégrante de son fonds de commerce.

Mon ombre siamoise

L'érosion du temps n'a pas épargné le mythe Rothschild : la célébrité n'est plus qu'une honnête notoriété, personne ne s'imagine que nous disposons d'une quelconque puissance politique. Depuis le temps que les grandes réussites économiques du jour s'affichent sur le devant de la scène, une appréciation plus sobre et plus réaliste du rang des affaires Rothschild dans le monde a fait grâce des hyperboles. Nous avons, certes, à cœur de respecter une tradition familiale qui s'exerce dans des domaines très divers. La générosité, la responsabilité sociale, la solidarité religieuse, la manière de recevoir, entre autres, nous situent dans la société. Nous nous efforçons de ne pas nous en montrer indignes. Nos ancêtres ont été des collectionneurs d'art. La similitude, si identifiable, de leurs demeures au siècle dernier a créé un style Rothschild. Chacun de nous est conscient de cet héritage. Il essaie d'en maintenir l'esprit dans sa façon de vivre. Endossant volontiers les obligations que m'imposent ces traditions, je terminerai ma vie en n'acceptant de mérite que pour ce que j'ai pu faire, en refusant toutes les excuses pour ce que je n'ai pas su réussir.

Mon cœur

Je me garde néanmoins d'ignorer la magie du rêve que mon jumeau, mon ombre siamoise, sait, dans ses meilleurs jours, évoquer. Ce n'est pas sans une certaine tendresse et une grande nostalgie que je le vois s'évanouir à la longue, fantôme suranné, dans le troisième millénaire désormais tout proche.

Car nous sommes devenus les meilleurs ennemis du monde.

CHAPITRE II

Une banque chasse l'autre

« Et si tu peux reconstruire, alors tu seras un homme. »

RUDYARD KIPLING

Je ne reviendrai pas sur l'histoire de ma famille sinon pour dire qu'elle se poursuit et se poursuivra après l'an 2000. La branche française à laquelle j'appartiens a survécu, dans son métier de banquier, à deux crises très profondes qui auraient pu faire disparaître moins tenaces que nous.

En 1940, la plupart des Rothschild ont été privés de la nationalité française. La banque et tous les biens ont été confisqués. En 1981, le premier gouvernement de François Mitterrand a nationalisé la banque et nous a évincés des sociétés qui lui étaient associées. Nous étions

Mon cœur

des symboles, pour ne pas dire des boucs émissaires. Symbole de la judaïté pour les uns et du capitalisme pour les autres. Nul ne pourra nier que nous ayons payé un bon prix pour nos singularités.

Sans doute avais-je manqué de prévoyance. Mais qu'aurais-je pu faire ? La France, en ces années-là, traversait sa maladie de gauche. Il fallait faire des concessions aux communistes. Rothschild dans ce contexte devenait une cible parfaite. Parfaite, oui, car aucune institution bancaire n'était à ce point identifiée à une famille et à son rôle historique, social, dans ce pays. Au plan économique, s'attaquer aux Rothschild n'avait aucun sens : la banque était si petite, elle pesait si peu. Nous mettre à la porte était une démarche si directement choisie qu'elle ne pouvait que plaire à nos staliniens et à leurs associés du moment ; ceux-là mêmes qui, aujourd'hui, ont viré de bord avec une feinte innocence.

Je possède l'original d'une lettre de mon arrière-grand-père, James, datée du 25 février 1848, au lendemain de la journée révolution-

Une banque chasse l'autre

naire, adressée au président du Gouvernement provisoire. Il lui remettait une somme de 50 000 francs (de l'époque) en précisant : « Vous voudrez bien la consacrer de la manière que vous jugerez la meilleure au soulagement des blessés et des ouvriers nécessiteux. » Mon aïeul assurait le destinataire de sa parfaite considération. Autre temps, autres mœurs. Il ne s'agissait alors ni d'être exproprié ni d'être dépossédé. Mon ancêtre avait, certes, un esprit d'à-propos que je suis loin d'égaler. Le procédé, bien sûr, n'était pas transposable en 1981 où il n'aurait servi à rien. Aujourd'hui encore, un certain sectarisme veut associer la fonction d'une banque à celle du temple de l'argent, celui où de maléfiques capitalistes adorent le veau d'or.

Nos sectaires se sont surpassés après la nationalisation des banques, dont le bilan dépassait un seuil fort modeste. Certains voulaient qu'on étende cette mesure, déjà contestable, aux personnes de ma famille et qu'on refuse à une petite société animée par mon fils et mon neveu, le droit d'exercer le métier de la banque. S'ils ont été entendus, ils n'ont pas été

Mon cœur

suivis. Même en 1982, on n'est pas allé jusqu'à la privation de droits économiques pour cause de notoriété symbolique.

Après les élections de 1981, le gouvernement a mis très longtemps avant de se prononcer sur la liste des banques à nationaliser. Il en résulta une période d'incertitude fort pénible pour tous ceux qui attendaient. De cette période nous gardons un mauvais souvenir.

L'indemnisation qu'ont reçue tous les actionnaires de la Banque Rothschild était calculée sur un cours de Bourse que le contexte politique ne rendait guère brillant. Une précaution juridique prise lors de sa constitution permettait de lui retirer le nom de notre famille, dès lors que nous n'y étions plus associés : elle s'appelle désormais l'Européenne de Banque. Vendue au Crédit Commercial de France, lui-même privatisé par la suite, elle a été revendue en 1990 à la grande banque anglaise Barclay's Bank, dont le siège sera transféré rue Laffitte. Cette dernière transaction a laissé un bénéfice appréciable à nos successeurs, au-delà des indemnités de natio-

Une banque chasse l'autre

nalisation et des fonds injectés pour le développement de la banque. Il est clair que celle-ci constitue toujours un bien fort désirable.

La crise, vécue au cours de cette période de nationalisations, a mis à l'épreuve la loyauté et la fidélité de nos collaborateurs de tous grades. S'il y eut de mauvaises surprises, elles furent peu nombreuses. Notre affection est restée vivace pour tous ceux qui ont partagé avec nous leur tristesse et leur attachement.

Dans toutes nos sociétés la limite d'âge avait été fixée à 70 ans. C'est donc en 1979 que j'ai quitté la présidence de la banque et celle de la société Imétal où m'ont respectivement succédé mon cousin Élie et Bernard de Villeméjane.

La nationalisation de la Banque m'a beaucoup affecté : du même coup, elle nous retirait la gestion des affaires industrielles de notre groupe. En clair, du fruit de tous les efforts d'une vie professionnelle s'étalant pour ma part sur près de quarante ans. En outre, elle nous chassait de ce qui avait été pour moi mon

Mon cœur

domicile familial autant que professionnel. C'était pour moi le lien vivant avec le passé, avec la vie de notre « maison », depuis mon arrière-grand-père jusqu'à moi-même. J'étais meurtri, je ne puis le nier. Je me suis repris et persuadé que l'amertume ne fait de mal qu'à celui qui la ressent. J'ai tourné la page.

A partir du moment où nous avons quitté notre ancien immeuble, ce sont mon fils David et mon neveu Éric, rejoints plus tard par mon jeune fils Édouard, qui ont pris en main la suite des opérations. Comme outil de travail, ils disposaient en tout et pour tout d'une petite société holding, Paris-Orléans, qui, n'étant pas dans le patrimoine de la Banque, demeurait indemne. Il fallait, à la fois, la développer pour lui donner les moyens d'intervention et créer un établissement bancaire en vue d'exister à nouveau au plan de notre métier traditionnel. Très vite, la notion de banque commerciale a été écartée parce que trop lourde et nécessitant de gros capitaux. Une banque d'affaires sans activité de crédit, sans agences, sans guichets, ne collectant pas de dépôts, demeurait, elle, à notre portée. Son activité se déploierait dans

Une banque chasse l'autre

L'embellie française et mondiale de l'économie, à partir de 1984 et jusqu'en 1990, a facilité le démarrage de notre firme renaissante.

Les grandes entreprises ont cherché à internationaliser leurs affaires. Toutes celles qui en avaient les moyens ont procédé à des acquisitions ou à des cessions d'actifs pour recentrer leurs développements. Les banquiers d'affaires étaient devenus indispensables pour réaliser ces innombrables restructurations. Connaissant à fond les marchés mondiaux, possédant des relations et des correspondants partout, ils apportaient aux industriels une compétence polyvalente, commerciale, technique et financière. Pour sa part, Rothschild et Cie s'est illustré dans des opérations nombreuses dont la principale a été l'acquisition de la société Jacob Suchard par la société américaine Philip Morris pour 4,2 milliards de dollars. Rothschild et Cie est intervenu aussi comme conseil du gouvernement français lors des privatisations de Paribas et de Matra.

Il n'est pas possible, en parlant de la décennie 1980-1990, de passer sous silence des opé-

Mon cœur

rations financières complexes qui ont eu lieu, surtout aux États-Unis. Certaines ont déclenché des scandales retentissants. Il s'agit de l'acquisition d'une société par une autre plus puissante réalisée au moyen d'un endettement bancaire important de façon à payer cash les actions de la société absorbée. Si le jugement des décideurs se trouve confirmé par la suite, l'acquisition est bénéfique et permet de rembourser en temps utile la dette bancaire.

Certaines de ces anticipations optimistes se sont avérées hasardeuses et ont contribué à donner mauvaise réputation aux affaires de cette nature. Le public, mal informé, a fait un amalgame injustifié entre les opérations dont je viens de parler et les scandales qui ont rendu tristement célèbres les Américains Boesky et Milken, de véritables escrocs. Ils avaient organisé un réseau d'espionnage au détriment des principaux banquiers d'affaires de Wall Street et spéculaient sans risque sur les opérations futures encore entourées (sauf pour eux) d'un secret absolu. En France, ces acquisitions avec endettement sont peu nombreuses : elles sont étudiées avec sérieux et se sont révélées bénéfiques pour les actionnaires petits et gros.

Une banque chasse l'autre

L'économie française s'étant, comme celle des autres pays, largement ouverte, notre banque n'a pas manqué, elle aussi, de s'internationaliser, renouvelant une tradition séculaire de notre entreprise familiale. Elle a développé des liens étroits avec sa société sœur, la grande banque d'affaires anglaise NM Rothschild & Son. Je me dois de signaler avec une fierté non dissimulée que David de Rothschild en est récemment devenu « Deputy chairman »; une grande première dans l'histoire de notre famille.

Les deux maisons de Londres et de Paris ont étendu leur action commune au moyen de filiales en Europe : Rothschild Europe qui contrôle les filiales dans les principaux pays d'Europe, aux États-Unis et au Canada, en Amérique centrale et en Amérique du Sud, en Australie, en Asie (Tokyo, Singapour, Hong-Kong). Au total le groupe a des implantations dans une vingtaine de pays et emploie environ 2 000 collaborateurs.

Si dans les dictionnaires notre nom est associé à la profession bancaire, en France il n'en

Mon cœur

est pas moins connu pour ses activités vinicoles. Remontant à plus d'un siècle, les propriétés de Château Lafite-Rothschild et de Château Mouton-Rothschild, ce dernier appartenant à une branche familiale qui n'est pas associée aux activités bancaires, nous placent parmi les premiers grands crus du Médoc. En outre, Château-Lafite, qui est une propriété familiale, possède une participation majoritaire dans la Société « Les Domaines Barons de Rothschild », créée en association avec des partenaires prestigieux. Elle est investie dans les vignobles français de Duhart-Milon dans le Médoc, de l'Évangile dans le Pomerol, de Rieussec dans le Sauternes ; à l'étranger, en association, au Chili dans le vignoble de Los Vascos, en Californie dans le vignoble dénommé Chalone. Cet ensemble, géré par Éric de Rothschild, pratique une politique de paysan producteur, apportant notre expérience et notre technique pour développer le potentiel de vignobles de qualité répartis sur de nombreuses régions célèbres.

Il me semble que la relève des années 80 s'est montrée bénéficiaire au plus haut point

Une banque chasse l'autre

pour le Groupe. Surmontant l'expropriation initiale, les jeunes ont su, par la rapidité et la qualité des innovations, la sagesse des choix, la sûreté de la gestion des affaires, conduire les entreprises familiales vers l'an 2000 à un niveau qu'elles n'avaient pas connu au cours de ce siècle finissant.

Quoi de plus satisfaisant pour le spectateur que je suis ?

CHAPITRE III

Les belles illusions

« Le bonheur ne se mérite pas, il n'est pas une récompense. »

A quatre ans, je n'étais pas un enfant précoce. Pourtant ma mère m'a raconté qu'un jour, ma nurse m'ayant amené au salon pour être présenté à des visiteurs, une dame blonde me fit forte impression. Je l'ai embrassée puis j'ai déclaré : « Celle-là, je veux la marier. » C'était Madame Letellier, une des plus illustres beautés de l'époque. Je suppose qu'instinctivement, la beauté m'avait troublé.

Adolescent, je ne me souviens pas d'y avoir été davantage sensible. Mais j'évoluais dans un cadre qui n'en était pas dépourvu. Comme n'importe quel jeune homme, j'ai admiré les jolies femmes, mais aucune beauté exceptionnelle n'a joué un rôle dans ma vie. Je revois

Les belles illusions

Dulce Martinez de Hoz, une Brésilienne célèbre pour sa beauté : brune au teint mat, elle avait des yeux de velours. J'avais seize ans quand je l'ai rencontrée et je me souviens de l'avoir comparée à une orchidée capiteuse. Elle avait été présentée à mes parents et fit rapidement partie de leur cercle d'intimes. Nos relations étaient très affectueuses. Vingt-cinq ans plus tard, elle traversait distraitement la rue de Rivoli, quand le chauffeur d'un bus contraint de freiner pour l'éviter s'exclama, admiratif : « Vous n'avez tout de même pas un souci d'amour ! » Le temps n'avait rien enlevé à sa beauté.

Quand les femmes sont nombreuses et resplendissantes, l'éclat de toute manifestation en est rehaussé. L'assemblée paraît plus brillante, intelligente, spirituelle. La beauté a le pouvoir d'effacer la médiocrité.

Plus que les hommes, les femmes sont typiquement représentatives de leur pays d'origine. Le philosophe anglais Isaiah Berlin aimait à dire que, dans les pays lointains, l'image de la Française est porteuse de rêves et

Mon cœur

d'espoirs, mais aussi de déceptions. La Française connaît les limites à ne pas dépasser. Les Anglaises, elles, s'enfuyaient sur la croupe de cavaliers arabes de noble lignée.

De nombreuses et brillantes Sud-Américaines vivaient en France avant l'effondrement de Wall Street en octobre 1929. Je garde le souvenir de ces visages charmeurs, aguichants, prometteurs. Hélas, pour moi, ce n'étaient que des mirages.

Vivre dans une société très différente de la sienne aiguise l'observation. C'est ainsi que, New-Yorkais au début des années 80, j'ai été surpris par le comportement chaleureux et amical des femmes que j'ai côtoyées. Elles sont bien différentes de celles que nous rencontrons en France.

Dans la tradition puritaine, malgré une plus grande permissivité, une femme aux mœurs libres passerait, dans bien des milieux américains, pour une femme perdue. La femme seule est mal vue et elle n'hésite pas à déployer ruses et férocité pour piéger tout mari éven-

Les belles illusions

tuel. En revanche, une fois mariées, elles entretiennent avec les hommes des relations tout à fait décontractées, conscientes qu'aucune manifestation d'intérêt ne peut être considérée comme une avance. Il n'y a aucune pudibonderie, les propos scabreux n'embarrassent personne puisqu'ils ne s'appliquent, par définition, qu'à un monde abstrait et lointain. Quand l'austérité du puritanisme est dépassée, le comportement se libère. Il est désexualisé.

A toutes les réceptions, les élégantes New-Yorkaises cherchent à être remarquées, admirées, à plaire, à s'amuser, parfois à conquérir, mais jamais à séduire. Pas un sourire, une hésitation, un regard qui puissent paraître équivoques. Pourtant, toutes ces épouses ne sont pas forcément comblées; ces apparences chaleureuses et limpides doivent être, parfois, obscurcies par des pensées secrètes et des désirs inavouables. L'envie prend de gratter ce vernis, cette seconde nature, de passer derrière la scène pour apercevoir un instant... la face cachée de la lune américaine.

L'histoire retient les noms d'hommes et de femmes en fonction de leurs rôles, de leurs

Mon cœur

succès, de leurs hauts faits. Elle garde le souvenir de certains hommes pour leur courage et leurs exploits physiques. De façon quasi immuable, les femmes demeurent célèbres pour leur beauté : la Reine de Saba, Cléopâtre, Madame de Pompadour, Sarah Bernhardt... Il y a quelques rares exceptions : Marie Curie ou Jeanne d'Arc.

Les relations entre les deux sexes suscitent un intérêt d'autant plus vif que la domination phallocratique a été rejetée. Je me bornerai ici à remarquer que la femme compte toujours sur sa beauté pour se faire admirer, pour se faire désirer, mieux encore pour se frayer la voie du cœur. L'homme part à la conquête, son physique n'est qu'un appoint, il s'attaque aux résistances, il veut vaincre. La femme s'efforce d'envahir.

Pour ma part, j'ai eu davantage d'amies femmes que d'amis hommes. J'ai toujours recherché leur compagnie, plus sensible au plan affectif à ce que m'apportait l'amitié féminine. L'amitié masculine évoquait pour moi une relation plus factuelle, dans le domaine

Les belles illusions

professionnel par exemple, ou dans celui du sport.

Depuis que j'ai cessé toute activité professionnelle, et en dehors de la politique et de lectures diverses, ce sont mes petits-enfants qui mobilisent mon intérêt, mes affections. Avec eux, je repense à ma jeunesse. Je la compare à celle dont ils me donnent l'image. Je donne libre cours à mes rêveries.

L'imaginaire est parfois si fort... Je me trouvais à New York quand est née ma dernière petite-fille. Avant même de la voir, alors qu'elle n'était âgée que de quelques heures, j'ai cru entrevoir la jeune fille de mes rêves. Pendant un court instant, j'ai vécu une seconde jeunesse éblouie. Mon imagination parait de tous les charmes, de toutes les beautés cette future jeune fille. En même temps je savais qu'au fil des années, sa véritable nature effacerait tout fantasme : surgirait alors une personnalité qui n'aurait peut-être rien à voir avec celle dont j'avais rêvé. Revenu sur terre, redevenu grand-père, j'ai souhaité avec ferveur le bonheur à cette inconnue. J'ai espéré qu'elle saurait éviter les pièges que la vie lui tendra.

Mon cœur

Le bonheur ne se mérite pas, il n'est pas une récompense. Nous y aurions tous droit si le Seigneur ne récusait la formule par trop marxiste : « A chacun selon ses besoins. » Tout au plus pouvons-nous nous abstenir de contrarier les fées. Rechercher le bonheur, oui, mais certainement pas sous forme de distractions et de plaisirs. C'est le plus sûr moyen de s'avilir sans le trouver. Ceux qui passent leur vie à chercher le bonheur ne font que bâtir leur malheur.

La vie, c'est l'effort. Adam est condamné à gagner son pain à la sueur de son front ; Ève doit enfanter dans la douleur. Ils pourraient bien s'être aimés, ces deux-là.

Je voudrais tellement convaincre les jeunes adolescents. N'attendez pas qu'on vous aime, qu'on vous amuse, qu'on accepte vos préférences, qu'on se plie à vos caprices, vous serez déçus. C'est en pensant aux plaisirs des autres que vos espérances seront comblées. Ne vous méprenez pas : je ne vous recommande pas d'être des petits saints, ni des enfants modèles, ni même de renoncer à vos envies, à

Les belles illusions

vos passions. Loin de l'idée de faire la morale en prétendant que le bonheur n'est pas égoïste, je cherche à vous indiquer la direction à prendre.

Chère petite jeune fille, tout ce qui t'entoure, tout ce qui respire te parle d'amour : filles, garçons, grands frères, confidentes, héroïnes de cinéma ou de romans.

Dans ce petit monde, tous s'essayent, plus ou moins maladroitement, aux jeux et aux fantaisies de l'amour. Si tu crois te montrer à la page en faisant de même, tu te trompes de chemin. Un jour, tu seras attirée par un garçon pour des raisons mystérieuses, plus profondes et plus nobles que la couleur de ses chaussettes. Tu regretteras alors toutes les faiblesses dont tu voudras chasser le souvenir, indignes de toi et, plus encore, de lui. Dis-toi aujourd'hui que tu vaux mieux que les autres même si tu n'as pas à le leur dire ; ne te crois pas plus vertueuse, mais plus intelligente. D'ici peu d'années, tu vas « le » rencontrer. Si tu peux avoir la fierté de lui offrir ce que d'autres n'auraient pas été dignes de recevoir de toi, votre bonheur se doublera d'orgueil.

Mon cœur

Car, souviens-toi : l'amour se veut unique.

Quant à toi, petit gars, je sais ce qui bouillonne en toi : devenir grand, faire tes preuves, être admiré des filles, être attiré par quelques-unes. Je te crois assez chic type pour ne pas abuser de celles qui se laisseront éblouir. Personne ne t'empêchera de te montrer viril s'il en est une qui insiste. Dans ton cœur, tu sauras faire la différence entre les unes et les autres, et tu éprouveras du mépris pour celles qui t'auront semblé trop faciles.

Je ne te demande qu'une chose : dis-le à ta sœur pour la convaincre de mon propos.

Je n'ai pas su, dans ma jeunesse, réaliser ce beau rêve d'amour dont j'essaie de tracer les contours pour les petits enfants. Sauront-ils à leur tour comprendre les sentiments d'un couple que je me plais à imaginer : lui, voyant poindre chez elle du temps les irréparables outrages et, loin de s'en détourner, y découvrant au contraire un témoignage attendrissant de la pérennité de leur amour ?

Nous avons tendance à confondre le bonheur avec quelques menues satisfactions qui

Les belles illusions

n'en méritent pas tant. Je connais quelqu'un qui prétend n'avoir jamais été aussi heureux que lorsque, prisonnier de guerre, il n'eut plus de responsabilités. Si le bonheur n'était que soulagement, il suffirait de porter des souliers trop étroits pour connaître celui de se déchausser.

Le bonheur ne se résume pas à l'absence de malheur. Celui-ci se perçoit clairement alors que le bonheur est discret, il est insaisissable, il peut passer inaperçu du moins jusqu'à ce qu'on le perde. « On reconnaît le bonheur au bruit qu'il fait en partant. »

Certaines personnes qui ont souffert toute leur vie mettent leur espoir en une compensation par la justice divine. Elles veulent croire en la rédemption par le malheur. D'autres, au contraire, insatisfaites, considèrent par dépit le bonheur comme un péché. Elles souhaitent aux autres la damnation par le bonheur.

Mstislav Rostropovitch a fort bien donné sa définition du bonheur : « Music is happiness », a-t-il dit un jour, « la musique est le

Mon cœur

bonheur ». Peut-on trouver une expression plus lapidaire pour qualifier toute forme d'euphorie artistique ? In fine, quoi que nous fassions, bonheur et passion sont en nous. S'ils ne font pas un, ils n'en sont pas moins indissociables. La passion est un état de crise, quand elle n'est pas un simple mirage, elle s'accommode fort bien du retour au calme. L'amour est un volcan qui se mue peu à peu en tendresse, ce long fleuve tranquille. Il entre en nous, il prend possession. Il peut nous détruire en se retirant ou nous aider à tout surmonter en restant fidèle. Si le malheur est inflexible, le bonheur est un mutant. L'affection n'appartient pas à la même famille, elle n'est qu'un déjeuner sur l'herbe.

La passion est l'apanage de la jeunesse, du moins celle du cœur. La tendresse lui succède. Elle peut s'éroder, mais à chaque couple sa spécificité.

Ainsi donc la durée, l'âge et même la vieillesse sont-ils sujets à une évolution lente, sans fracture. Il m'a toujours semblé que les hommes et les femmes ne vieillissaient pas de

Les belles illusions

la même façon. Le temps qui passe les marque différemment.

La femme, aussi vertueuse soit-elle, cherche toujours à plaire. Elle sait pouvoir susciter l'admiration. Quand elle n'entend plus de sifflement flatteur sur son passage, elle comprend alors que sa jeunesse est révolue.

Accepte-t-elle cette situation avec autant de sérénité que son partenaire ? Je l'ignore. Pour lui, si son visage se ternit, c'est moins grave, il n'a pas tendance à s'exclure de lui-même tandis que la femme finit par se résigner. Sa générosité devient plus désintéressée. Elle accepte plus volontiers de vivre à travers les autres. L'homme, même si sa virilité l'abandonne, continue à vouloir protéger, dominer, être reconnu. Il refuse la passivité. L'homme âgé pense à lui-même, alors que la femme pense aux siens.

Retraité, il persiste à remarquer toute une série de détails qui lui rappellent sans cesse sa nouvelle condition. Malgré tout, l'orgueil masculin résiste.

Mon cœur

Si la jeunesse est un état de grâce, comment qualifier la vieillesse ? Dans le langage commun, elle sert de superlatif. Qualifier de « vieux » un crétin, un salaud ou un raseur aggrave son cas.

A la réception habituelle qui dans une entreprise fête un départ à la retraite, l'expression classique « la maison ne sera pas la même sans vous » implique une exagération si peu crédible qu'elle ne dissimule même pas l'insignifiance de l'événement.

La formule convenue « chaque âge a ses plaisirs » est un leurre. En réalité nous avons toujours les mêmes plaisirs, mais moins souvent.

L'exclamation hypocrite « mais mon cher, vous nous enterrerez tous » se veut un compliment. En fait, votre interlocuteur envisage avec d'autant plus de sérénité votre mort que la sienne lui paraît lointaine.

A mesure qu'on s'éloigne de la vie du travail, on s'aperçoit que les « joies du repos » ne

Les belles illusions

durent qu'un moment. Le retraité — horrible mot — cherche à s'occuper — horrible expression. Il sait qu'il n'est plus un homme actif; il garde sa fierté et cache ses inquiétudes : cette certitude d'un lent déclin qu'il tente, en vain, de refuser.

Les vieux sont des exilés dans le monde des vivants. Ils ne doivent à aucun prix chercher à être compris, plaints ou aimés. Leur image en serait ternie et ils n'en seraient que plus indésirables.

En eux-mêmes ils observent tous les petits signes physiques qui pourraient leur faire dresser l'oreille afin de ne pas se laisser surprendre par un aveuglement involontaire.

Les vieux ne sont plus considérés comme des égaux. Ce sont des vaincus. On leur glisse en passant un petit mot d'encouragement, c'est tout. Pas question de s'enquérir de leurs problèmes, leurs soucis, leur solitude ou leur ennui.

Avec leurs proches, la situation s'inverse : il faut les protéger, les soigner; les enfants

Mon cœur

deviennent les parents de leurs auteurs qui n'ont plus rien à apporter. Les vieux ne sont plus une force.

Quand un homme se convainc qu'aucune femme, plus jamais, ne verra en lui le mâle, il sait qu'il est en sursis, pour toujours amoindri. Alors très vite, il doit muer la blessure de son amour-propre en une douce nostalgie.

Quand une personne âgée décède subitement, on lui sait gré de ne pas avoir empoisonné la vie des siens pendant des mois ou des années ; les visiteurs, faussement affligés, de s'écrier, en guise de consolation : « Quelle belle mort ! »

De Gaulle a dit que la vieillesse est un naufrage. Il pensait aux délabrements successifs, physiques et moraux, qu'elle entraîne. Pour moi, la vieillesse est une défaite. Il faut s'interdire d'être vieux.

La psychanalyste Marie Bonaparte constata : « Mes yeux ne sont ouverts qu'entre deux éternités de néant. » Puis elle ajouta : « Au moins, je veux les garder grands ouverts. »

Les belles illusions

Pendant cette période fugitive, je m'oblige à lutter contre tout ce qui pourrait me diminuer : faiblesse, découragement, mesquinerie, lâcheté, abdication. Contre la vieillesse.

Accepter de vieillir, c'est sans doute le meilleur moyen de ne pas mourir, la vieillesse n'est pas que décrépitude. Dans certaines contrées, les personnes âgées sont respectées pour leur expérience et leur sagesse. Notre jeunesse doit se demander quelles peuplades ont bien pu conserver des traditions aussi retardataires.

CHAPITRE IV

Un homme se penche sur son basset

> « Les animaux, eux, ne dramatisent pas la mort. »

Les animaux m'attirent, j'aime surtout leur contact physique. Qu'ils me reconnaissent et le manifestent. Ainsi le pauvre joueur de contrebasse qui, sortant un soir de l'Opéra son instrument sur le dos, est interpellé par le concierge : « Bonsoir, monsieur le joueur de contrebasse. — Vous me reconnaissez donc ? » s'exclame-t-il ravi. Les chiens et moi, c'était écrit.

Jeune encore, j'ai hérité d'un grand caniche marron, Jupiter. C'était un compagnon idéal, intelligent et sportif. Dès que nous arrivions en Normandie, il filait dans les herbages. Là, nos goûts divergeaient. Il se roulait dans les bouses de vache trouvées sur son chemin et

Un homme se penche sur son basset

revenait, l'allure hautaine. Il n'appréciait pas le bain, indispensable, qui s'ensuivait.

Jupiter avait une bouche très légère. Je me souviens d'un jour où il mâchonnait bruyamment un morceau de métal, celui d'une capsule d'eau minérale, me sembla-t-il. Afin de m'en assurer, je lui fis ouvrir la bouche. A mon grand effroi, j'en retirai une lame de rasoir. Il ne s'était même pas égratigné.

Il avait une prodigieuse notion de l'heure. Tous les matins, il m'accompagnait à la banque et se couchait sous mon bureau. Personne n'a jamais soupçonné sa présence. Je rentrais à la maison pour y déjeuner et tous les jours, à 12 h 55 très précises, Jupiter se levait, s'étirait et se dirigeait vers la porte, me donnant ainsi le signal du départ. Si je m'absentais pour quelques heures ou pour quelques jours, je le laissais à la concierge de la maison. En rentrant dans la cour, chaque voiture donnait trois coups de klaxon pour se faire ouvrir la porte cochère. Le trafic était incessant mais Jupiter avait à ce point l'oreille musicale qu'à mon arrivée il reconnaissait mes trois coups et

Mon cœur

poussait une chanson de joie. Si je lui demandais de chanter, il faisait deux pas en arrière, levait la tête bien haut et bien droit, puis entonnait ce même air qu'il affectionnait.

Vingt ans plus tard, une jeune chienne teckel, élevée en Espagne, était offerte à Marie-Hélène. Pinka devint ma nouvelle compagne et ce, durant dix-huit ans.

Chaque race a ses caractéristiques, chaque individu sa personnalité. Avec beaucoup de psychologie, Pinka savait se glisser le jour dans ma vie, le soir dans mon lit. Elle prenait possession. Son regard et son comportement exprimaient sa compréhension de toutes situations. Elle faisait partie de mon existence et essayait de faire en sorte que nous soyons un couple, un vrai. S'amuser, courir, bien sûr... à condition que je sois avec elle.

Pinka était coquette et adorait les mondanités : si, contrairement à mon habitude, je lui proposais de sortir un soir, elle s'ébrouait et se redressait comme une femme en robe du soir qui met la dernière touche à son maquillage.

Un homme se penche sur son basset

A la fin d'une réception, nous dansions au château de Ferrières et j'étais allé la chercher dans ma chambre. Assise sur une chaise, elle commença par me regarder, puis elle aboya. Le message était clair : je la pris alors dans mes bras et lui fis faire un tour de valse. Elle était enchantée, et semblait trouver cela naturel. Elle était aussi, à ses heures, comédienne. Je l'avais trouvée un jour éplorée, geignante : le chien appartenant à mon jeune fils l'avait mordue, lui faisant une légère marque. Elle voulait « cafarder » et se faire plaindre. J'avoue, à ma grande honte, avoir demandé l'expulsion du coupable.

Pinka détestait tous les chiens, sans exception. Elle se précipitait sur eux comme pour les agresser. Mais elle savait s'arrêter à temps. Si un gros chien osait la regarder, elle poussait des hurlements d'angoisse. Elle voulait prévenir tout danger, même imaginaire. Je l'ai retrouvée un jour, sur la plage de Deauville, entourée d'une centaine de baigneurs ; l'ennemi était parti mais elle continuait à hurler. Elle ne pouvait décevoir un si bon public.

Mon cœur

Lors de mes déplacements, je n'avais jamais emmené ses prédécesseurs : la petite taille de Pinka, son poids léger me permettaient de la mettre dans un sac, jusqu'en avion. La laisser, c'était pour moi comme l'abandonner. Je n'abandonne pas celle qui m'aime et que j'aime. Nous avons beaucoup voyagé ensemble, je me souviens notamment d'un Paris-Acapulco en quinze heures ! Nous avions été irrités par les jappements suraigus d'un caniche nain que Pinka, grande dame, avait écoutés sans broncher. Ce caniche était le type même du « chien-chien à sa mémère », tel qu'on l'imagine : une boule blanche ou beige dont la tête ornée d'un nœud multicolore émerge d'un manteau de fourrure parfumé, prêt à mordre — hypocritement, bien sûr — tout ce qui passe à sa portée. A l'escale de Mexico, le roquet tenu en laisse passa devant Pinka. Elle était assise, indifférente, dans son sac posé à terre quand le caniche, intéressé, voulut la flairer. Elle lui décocha aussitôt un coup de dents si vif qu'il se sauva en hurlant. Elle nous avait vengés avec dignité. Aussi l'embrassai-je avec effusion ! Après ça, elle attendit avec calme la correspondance en

Un homme se penche sur son basset

regardant la télévision, ce qui n'était guère dans ses habitudes.

Marie-Hélène appréhendait ma réaction à la disparition de Pinka qui n'était pourtant pas si vieille. Elle insista beaucoup pour que je choisisse, bien avant la date fatidique, un chiot âgé de quelques semaines.

L'air indépendant de Noé m'avait séduit. Il avait un pelage noir luisant (« black is beautiful »), des petits cercles fauves autour des yeux. Son nom devait commencer par la lettre « N » pour satisfaire le Gotha du Studbook mais, pas snob du tout, il s'en moquait éperdument. Avec ses pattes trop longues et ses oreilles trop courtes, il semblait conscient de ne pas appartenir à la noblesse de robe.

Pinka comprit que l'intrus venait définitivement partager auprès de moi la place exclusive qu'elle tenait depuis toujours. Qui pourrait affirmer que la flagrante différence de vitalité entre elle et lui n'évoquait pas un avenir qui ne la concernait plus ? Elle le reçut mal pour s'en accommoder plus tard. Noé, se gardant de ses attaques, entreprit de la séduire. Après beau-

Mon cœur

coup de temps, Pinka, flattée et satisfaite, finit par céder avant de sombrer dans la vieillesse.

A la mort de Pinka, Noé s'installa. En toutes circonstances, il imposait sa présence et sa participation aux mille et un détails de notre vie. Le matin, encore dans le noir, il savait le moment précis où je m'éveillerais. Il émergeait alors du drap pour me lécher le visage, s'emparer de ma main, la mordiller en poussant des grognements de satisfaction. Nos rites matinaux étaient sacrés : au cours de ma gymnastique quotidienne je m'allongeais par terre ; il se jetait sur moi, me léchait le visage, m'empêchant presque de respirer. Après le petit déjeuner, il faisait sa promenade. A peine revenu, il courait jusqu'à mon fauteuil m'embrasser, m'exprimer sa reconnaissance et la joie de nos retrouvailles. Son absence avait bien duré cinq minutes.

L'avènement de la gauche en 1981 laissa Noé parfaitement indifférent. Il n'a pas paru regretter la rue Laffitte. La vie continuerait, tranquille, à Paris et à la campagne. Il se trompait.

Un homme se penche sur son basset

Au printemps suivant, nous partîmes ensemble pour New York, vers une autre destinée. Ce nouvel univers nous était étranger. Noé s'ennuyait quand je m'absentais. Nous étions comme deux naufragés. Son petit confort et la vie parisienne lui manquaient. Le macadam new-yorkais ne remplaçait ni les pelouses ni les herbages normands. Noé était le seul être vivant qui me reliait au quotidien, à mon « chez moi, là-bas ». Les restaurants américains étaient interdits aux chiens; je me suis débrouillé pour le garder le plus possible avec moi. Il a été le seul chien autorisé à pénétrer dans l'immense Rockefeller Center où Rothschild Inc. a ses bureaux. Il voyageait toujours en ma compagnie. Lors d'un retour en Concorde, une passagère a cru que j'étais gâteux : je parlais à ma valise. La tête de Noé, surgissant au moment du repas, la rassura.

Son plus grand plaisir était de prendre l'avion pour Paris. Je savourais sa joie quand, après le double virage du Pont-Marie et de la rue Saint-Louis-en-l'Ile, Noé, frénétique, cherchait à sortir de la voiture, comme s'il avait su que les jours lui étaient comptés.

Mon cœur

En février 1985, nous nous embarquâmes pour Marrakech rejoindre Marie-Hélène. A notre arrivée, je m'aperçus que certains mouvements lui déclenchaient une douleur dans le dos. Le lendemain, il titubait, ses pattes arrière flageolantes. Le diagnostic du vétérinaire fut sans appel : Noé souffrait du mal des teckels, la paralysie de l'arrière-train. Pourrait-il guérir ? « L'infection des glandes anales se communique à la prostate, attaque la moelle épinière, paralyse le nerf central. Il va falloir sonder votre chien deux fois par jour, aider son intestin. La propagation, l'arrêt ou l'éventuelle régression du mal dépendent de la composition moléculaire de son code génétique. » Merci docteur! ce langage se veut rassurant. La science ne maîtrise pas encore ce type de lésion. J'ai compris. Je ne veux pas être dupe.

Je le remportai dans son sac, le cœur lourd ; c'était la fin d'un bonheur. Il se traîna une journée encore sur ses pattes avant, l'arrière inerte et désarticulé. Puis plus rien. Il resta couché sur le flanc, immobile et craintif. Impotent, Noé devint absent ; quoi que je dise,

Un homme se penche sur son basset

quoi que je fasse, il regardait dans le vide, incapable de réagir. Il n'y avait plus personne. Souffrait-il ? Était-il humilié par cette déchéance ? Avait-il décidé, submergé par son malheur, de tourner le dos aux hommes ?

J'aurais tant voulu le prendre dans mes bras, le consoler, le rassurer, lui donner encore un peu de chaleur. Mais non : mon Noé, mon partenaire n'existait plus. Son regard, qui depuis sept ans ne me quittait jamais, était tourné vers l'infini. Rien des yeux déchirants de la biche éplorée, suppliant qu'on l'entoure, qu'on la sauve. Sans doute était-ce mieux ainsi.

Il n'y a que nous, les hommes, qui portons cet implacable fardeau : nous savons que nous devons mourir. Les animaux ne font pas tant d'histoires, ils ne transfigurent pas leur avenir, ils ne dramatisent pas la mort.

Quand viendra pour moi un sommeil profond dont je ne saurai jamais qu'il doit être le dernier, je souhaite que cet événement naturel soit perçu avec la même sobriété.

Mon cœur

A Londres, dans un musée, il y a un petit tableau qui représente une pièce nue, pauvre, au milieu de laquelle se trouve un cercueil; un gros chien y pose sa tête.

Sur le cadre, cette inscription :
« Le seul être en deuil du vieux berger. »

Deuxième partie

MON PAYS

CHAPITRE V

La mère des vertus

> « En Europe, les peuples n'ont jamais que le degré de liberté que leur audace conquiert sur la peur. »
>
> STENDHAL

Le proverbe dit : « La prudence est la mère des vertus. » Il semble adapté à tous ceux qui gouvernent les peuples. Qui songerait à dire le contraire, à préconiser l'aventurisme ? Au demeurant, parmi les gouvernements de l'Occident démocratique, il n'y en a guère qui fassent courir un pareil risque. L'homme politique doit être élu, ce qui l'oblige à multiplier les promesses, à ménager la chèvre et le chou. Il vit dans la crainte perpétuelle de ne pas être réélu.

D'instinct, l'homme politique remplacera l'action par la parole ; il fera des moulinets en restant sur place et, s'il doit bouger, il avancera à pas de loup, entraînant avec lui le plus de monde possible afin de se protéger. A bien des égards, cette sagesse est un bienfait pour les citoyens. Ceux-ci demandent qu'on améliore leur vie. Ils détestent qu'on veuille changer leurs habitudes, qu'on les angoisse.

L'histoire pourtant ne se coule pas dans la quiétude d'un monde douillet. Elle entre à ses heures en éruption sans crier gare. Et si quelques grondements donnant l'alarme sont perçus par les gouvernants, ils s'empressent de les masquer. Sous prétexte d'éviter une très improbable panique, ils s'épargnent d'avoir à faire acte de courage.

Le tragique immobilisme des gouvernements français et anglais, entre 1936 et 1938, face à la résurrection de la puissance agressive de l'Allemagne hitlérienne, est un exemple type de l'inhibition des hommes politiques, de la médiocrité des personnages. Au moment de Munich l'ennemi était devenu redoutable et nous étions encore mal réarmés. Anglais et Français étaient aussi pacifiques les uns que les

La mère des vertus

autres ; ils n'étaient en rien prêts à faire la guerre. Tout le monde était hanté par le souvenir encore proche des hécatombes de 1914-1918. Il paraissait inconcevable que, de l'autre côté du Rhin, il n'en fût pas de même, et qu'on fût disposé à repartir encore une fois pour une « fraîche et joyeuse ». Confrontés à une situation dramatique, Chamberlain et Daladier n'ont pas eu le sursaut d'héroïsme qui eût consisté à prendre l'initiative de la guerre. Leurs opinions publiques apeurées y étaient hostiles. A l'époque, on n'avait aucune expérience des dictateurs, de leur rouerie, de leur mauvaise foi et de leur audace.

La capitulation de la France et de l'Angleterre à Munich devant la peur est devenue proverbiale. On la cite à tout bout de champ pour symboliser la faiblesse, pour désigner la lâcheté. A vrai dire, le crime historique accompli à Munich est trop souvent oublié : l'abandon d'un allié que nous nous étions engagés à défendre et, pire encore, l'aval donné à son démembrement. Sans doute avons-nous pendant longtemps conservé l'habitude de donner des promesses que nous ne pouvions

Mon pays

tenir; loin d'être une excuse, c'est une aggravation de notre culpabilité. Seul Winston Churchill a dénoncé cette paix (illusoire) dans le déshonneur, et qui a marqué le point culminant de l'abaissement de la France. Comment en est-elle arrivée là ? Un rappel des faits majeurs entre 1931 et 1938 explique cette évolution désastreuse.

1931 Débâcle économique mondiale inégalée depuis.
1934 Crise d'antiparlementarisme sur fond de corruption aboutissant à l'émeute du 6 février.
1936 Le Front populaire fait redouter à la majorité des Français une dictature bolchevique, il agite le spectre de la Commune, et les atrocités de la guerre civile espagnole renforcent le tableau.
1936-1938 L'Italie d'abord, l'Allemagne ensuite, mettent à la mode l'autarcie économique comme remède à la crise, renforçant l'égoïsme nationaliste.

La France qui n'avait guère évolué depuis l'épuisante victoire de 1918 s'est repliée sur

La mère des vertus

elle-même sous l'effet de ces traumatismes. Les signes particuliers de son identité, petits ou grands, sont demeurés figés : le béret, la barbichette, le pince-nez, le « chocolat » du matin pour l'écolier, l'anticléricalisme primaire, l'antirépublicanisme suranné... Son fameux bon sens n'était plus que refus d'innovation, son patriotisme n'était plus que xénophobie. Le rétrécissement dans un égoïsme aveugle tenait lieu de vertu civique. L'afflux des malheureux qui fuyaient le nazisme ne rencontra que des frontières fermées ou un internement à Gurs dans des conditions indignes. La France de 1870, malgré son impréparation militaire, était plus apte à affronter une guerre que celle de 1939.

Des hommes politiques et des journalistes ont cherché à justifier Munich en alléguant l'absence d'une identité tchécoslovaque. Ces explications honteuses sont typiques d'une époque dans laquelle (sauf quelques rares nations puissantes) les autres étaient exclus.

La leçon de Munich a été chèrement payée. Elle a dominé les décennies suivantes jusqu'à nos jours, plus sans doute en paroles qu'en

Mon pays

actes. Depuis 1945, seuls les États-Unis, forts de leur puissance, ont réagi sans tergiverser en Corée, à Cuba au moment des fusées, au siège de Berlin, à la menace soviétique contre Israël pendant la guerre de Kippour.

En revanche, les capitulations française et européenne face à l'URSS ne furent guère plus glorieuses que l'accord de Munich. Mais au moins elles ne constituaient pas le reniement d'un traité. Qui a levé le petit doigt pour les Tchèques ? Pour les Hongrois ? Qui a dit, devant le risque d'une intervention soviétique en Pologne, que « nous ne ferions rien, bien sûr » ? Qui, pendant la révolution roumaine, de crainte de devoir intervenir, a supplié les Soviétiques de le faire ? Qui n'a même pas osé accueillir les représentants des pays baltes lors d'une réunion à Paris à laquelle participaient les Soviétiques ? Ne critiquons pas la prudence qui commandait ces actes peu glorieux, surtout maintenant, après coup, alors que la menace soviétique a disparu. La sagesse, toutefois, est trop souvent dictée par la peur. D'aucuns ajouteront à ce palmarès la non-intervention contre les Serbes, les hésitations à barrer la route à Saddam Hussein, la timidité face à

La mère des vertus

l'intégrisme islamique. Conflits entre pays tiers dans lesquels la nécessité de défendre la morale démocratique et la solidarité humaine était pressante, où la France avait un intérêt politique à terme certain, mais où elle ne se trouvait ni face à face avec une grande puissance dangereuse, ni prisonnière d'engagements préalables.

Dès l'avènement de Pétain, le gouvernement et la France profonde ont commencé insensiblement à diverger. Vichy a capitulé dans le déshonneur en livrant à l'Allemagne les réfugiés politiques. A la suite de quoi le gouvernement s'est appuyé sur une philosophie réactionnaire et faussement nationaliste inspirée des plus mauvaises tendances des dernières années. Tantôt pitoyable, tantôt criminelle, l'histoire politique de l'« État français » n'a pas à être retracée ici.

Pour la masse des Français l'armistice de 1940 était d'une autre nature que l'accord de Munich. Nous sommes encore trop près des défaillances de notre commandement, des faiblesses et des intrigues du monde politique, de la tristesse qu'a causée le sacrifice ultérieur de notre flotte, du regret d'avoir abandonné

Mon pays

l'héroïque Angleterre, pour être capables de juger avec sérénité et distance.

Mais la France était vaincue, écrasée, son alliée ne pouvait rien pour elle, son territoire était envahi, la moitié de sa population était sur les routes. Seuls des héros ou des voyants pouvaient imaginer un hypothétique et lointain renversement de situation. L'armistice n'était-il pas un sursaut inévitable d'instinct de conservation ? La France avait le faible espoir (les pays plus petits ne l'avaient pas eu) de préserver le peu qui paraissait alors pouvoir l'être. Des combattants peuvent sauver l'honneur, mourir les armes à la main. Mais, sans doute, on ne peut attendre d'un pays qu'il se compose de 40 millions de chevaliers Bayard.

J'admire ceux, peu nombreux, qui voulaient continuer la lutte en Afrique du Nord; je regrette qu'ils n'aient pas pu s'imposer. Nous déplorons qu'au nom de notre pays on soit allé jusqu'à signer sa capitulation et même sa propre démission. De là à dire que la France s'est déshonorée quand, abandonnée de Dieu et des hommes, dans une tourmente inimagi-

La mère des vertus

nable, après avoir dû déposer les armes, elle a essayé de survivre à tout prix, c'est beaucoup. On ne pourra, hélas, en dire autant de ceux qui ont prétendu gouverner notre pays dans les années qui ont suivi.

En fait, et bien qu'il fût alors impossible de s'en apercevoir, c'est dès après la défaite de 1940 que notre vieux pays a commencé à se ressaisir de sa langueur des dix années précédentes.

Nous discutons encore des réactions des uns et des autres, lors de l'écroulement de notre pays en 1940. Nous sommes de moins en moins nombreux à avoir vécu cette période. Je puis assurer que ceux qui venaient d'être impliqués dans cette tourmente étaient en état de choc. Partir en guerre défendre un grand pays et se retrouver sur une sorte d'îlot, la zone « libre », entouré de flots ennemis menaçants, laisse ahuri, déboussolé. De Gaulle, dans les débuts difficiles de son entreprise, avait, par nécessité, diabolisé les hommes de la capitulation et de la collaboration. Il en est resté une vision stéréotypée, en noir et blanc, de la France sous Vichy, vision aujourd'hui

Mon pays

plus vivante que jamais. L'idéologie démocratique nous empêche de comprendre que dans un pays vaincu, écrasé, sous la botte de l'ennemi, personne ne songe à se montrer sourcilleux quant à la nature politique de l'organisation économique, de la répartition de la disette, de l'administration quotidienne, pourvu que le fardeau de chacun n'en soit pas alourdi. Vichy a soigneusement caché au pays les bassesses commises dans ses rapports avec l'ennemi ou les services qu'il a eu la criminelle lâcheté de lui rendre. Ceux-ci n'ont été révélés en grandeur nature qu'après la victoire. Le gouvernement s'est bien gardé dans ses relations avec les Français de les irriter ou de les affronter. Même le statut des juifs a été suivi du commentaire lénifiant qu'il « ne touchait ni à leurs personnes, ni à leurs biens ».

Que pouvaient, au demeurant, faire ceux que telle ou telle mesure révoltait sinon se joindre à la Résistance ou prendre le maquis ?

Vichy, pour la masse des Français, n'était que le chef-lieu de ce qui restait de la France, temporairement inoccupée. Ils pensaient à survivre, à se serrer les coudes. Devant la gravité

La mère des vertus

de la situation, ils n'avaient que faire de la politique. Tout le monde voulait du mal aux Allemands, souhaitait leur défaite et aurait bien voulu y croire.

S'il y avait des traîtres, des gens qui auraient contribué à une victoire allemande, ils se cachaient, et pour parler de la France inoccupée que j'ai connue, les relations quotidiennes étaient inchangées quand elles n'étaient pas devenues plus chaleureuses que de coutume.

Malgré toutes les simplifications rétroactives, il faut dire clairement que les Français étaient pétainistes. Le drapeau tricolore n'ayant, semblait-il, aucune chance d'être relevé avant longtemps, les Français légalistes n'ont vu dans ces yeux bleus et ces mains frêles que ce qui, dans le naufrage, ressemblait le plus à un symbole de souveraineté nationale. Pour la grande majorité, il n'y avait rien de plus. Petit à petit, la réalité a fait disparaître le mirage.

La politique intérieure, c'était le rationnement et les problèmes de transport; la poli-

Mon pays

tique étrangère, souhaiter le départ des Allemands; à partir de 1942, souhaiter la victoire alliée; à partir de 1944, attendre impatiemment la Libération. Nos compatriotes sont restés les mêmes, pleins de griefs envers leurs voisins et leurs proches, méfiants à l'égard d'autrui, et s'épanouissant devant la surprise d'un sourire et d'une main tendue.

On entendait s'exprimer, bien sûr, une extrême droite de toutes tendances, nationalistes patriotes inclus. On rencontrait beaucoup de pessimistes qui voyaient en noir les prochains siècles, et aussi, des réactionnaires de tout poil. J'en ai connu un qui ne s'était pas encore consolé du schisme de l'Église au XVIe siècle.

Mais les arbres ne doivent pas cacher la forêt. La masse des Français était saine. Mutilée dans son patriotisme, désorientée par un tremblement de terre qui la dépassait, la France profonde n'a jamais justifié qu'on ait honte d'elle.

Un peuple mérite le gouvernement ou le régime qu'il se donne dans un système parlementaire à élections libres. Rien de tel en 1940.

La mère des vertus

Je me suis efforcé d'apprécier les événements de 1940 avec une sérénité objective et sincère. En lisant ces jours-ci les Mémoires de mon ami Pierre Messmer, je retrouve en marge de son épopée personnelle l'ambiance affreuse de l'époque. Nos compatriotes étaient divisés en camps irréductibles, prêts à se battre au nom de l'honneur défini par des concepts opposés. Les militaires avaient été choisis avant la guerre pour leur obéissance au gouvernement. En majorité ils ont mis leur point d'honneur à rester fidèles à Vichy et à combattre les gaullistes. Chose curieuse, ce sont les mêmes ou leurs frères qui ont estimé de leur devoir d'entrer en dissidence vingt ans plus tard en Algérie, se trouvant, ou se voulant, de nouveau opposés à de Gaulle.

A l'étranger, les Français étaient une source d'embarras pour les Anglais, pour les Américains qui nous écartaient et nous marginalisaient sans façon. Nos divisions passionnées n'ont jamais rien facilité. Vae victis !

Je dois avouer aussi que, nous autres gaullistes, en Angleterre, à quelques dizaines de

Mon pays

kilomètres de la France, étions plus intolérants que quiconque envers tout ce qui n'émanait pas de la Résistance.

Je me souviens également à quel point l'hostilité injuste de Roosevelt, cherchant à barrer la route au gaullisme, nous mettait dans des fureurs d'écorchés.

Il m'aura fallu patienter un demi-siècle pour prendre un peu de recul. Si l'histoire doit se montrer sévère à notre égard, nous n'avons pas à hurler avec les loups et à nous désolidariser de notre passé pour nous blanchir aujourd'hui. Maintenant, cinquante ans plus tard, nous ne sommes pas tellement plus héroïques. Rejeter Vichy, certainement. Rejeter la France, certainement pas.

Il y a quelques années, un sondage montrait qu'en cas d'occupation de notre territoire par une puissance étrangère, seule une minorité déclarait vouloir faire de la résistance. Un de mes amis, cynique, a ajouté : « En faisant du marché noir, sans doute. » A vrai dire, si ce terrible événement se produisait, les Français, confrontés à la réalité, retrouveraient, j'en suis sûr, leur patriotisme des temps passés.

La mère des vertus

La peur se déguise facilement en prudence. Ce n'est pas toujours une excuse pour manquer de courage. L'abandon à l'URSS de la moitié de l'Europe par Roosevelt, à la conférence de Yalta, conclu sous l'empire de la crainte d'une défection de Staline avant que le Japon ne soit, lui aussi, vaincu, est inexcusable. Que Roosevelt ait voulu ces concessions par hostilité envers l'Europe qui, par deux fois en une génération, avait entraîné l'Amérique dans une guerre sur son continent, ou par aveuglement sur la nature du régime stalinien, l'Occident en a payé un prix très lourd et qui a failli l'être bien plus encore.

S'est-on jamais demandé pourquoi Gorbatchev, peu prisé chez lui, jouissait en Occident d'une telle popularité ? Ronald Reagan, l'ayant rencontré avant son second mandat, lui a dit : « Si vous étiez candidat à la présidence des États-Unis contre moi, je serais sûrement battu. » Certes, nous devons beaucoup à Gorbatchev ; certes, il est empreint de charisme ; mais je crois que le surplus d'engouement pour « Gorby » vient de la peur que nous inspiraient les Soviétiques et dont il nous a

Mon pays

soulagés. Langue de bois, visages de pierre, police secrète, inimitié implacable avaient fini par créer une image fantomatique de la terreur à l'état pur. Et voilà qu'un personnage souriant, bonhomme, débarquant de « l'autre planète », se présente avec le langage, l'ouverture, la chaleur de nos alliés les plus proches. Le soulagement et la surprise étaient si grands qu'on lui aurait tout donné, bourse, femmes, enfants.

J'ai lu un jour une lettre adressée à un journal américain, à propos des relations des États-Unis avec des pays étrangers. L'auteur, sur un ton de découragement excédé, critiquait le bon contact avec des pays peu démocratiques : « Il est temps que nous appliquions dans notre politique étrangère les mêmes règles morales qui prévalent chez nous. » Quelle erreur ! La politique étrangère a pour but de conforter les pays amis, d'en augmenter le nombre et d'adoucir la tension avec les pays hostiles. Tourner le dos à des alliés en s'arrogeant le droit de leur faire la morale et faire risette à des ennemis potentiels, qui maintiennent des simulacres d'élections « démocratiques », est un crime contre la sécurité de son propre pays. Que faire pour ouvrir les yeux de tous les diplomates en chambre, moralisateurs et « libéraux » ?

Dans les relations avec les régimes « abjects », la diplomatie n'a pas pour objet de les louer, de les soutenir, de les encourager, mais de maintenir des relations, de profiter des ouvertures éventuelles. Encore faut-il voir l'abjection là où elle est, même sous un déguisement de gauche.

Croire que notre culture politique est universelle, qu'elle est une vérité révélée qui s'applique, ou devrait s'appliquer, à toute la planète est une grave erreur.

Chaque société a sécrété la structure qui la rend viable. Qu'il soit souhaitable, dans leur propre intérêt, de les aider à évoluer vers des formes d'organisation plus efficaces est, certes, évident. Que leurs croyances ou leurs traditions permettent une transition progressive vers les principes qui gouvernent l'Occident, si c'est pour leur bien, on ne peut que s'en

Mon pays

réjouir. Mais c'est à elles, et à elles seules, qu'il appartient de choisir cette voie.

La situation présente de l'Algérie est un exemple intéressant. Ce pays, dès son indépendance, se laissa séduire par un gouvernement socialo-marxiste qui se présentait comme l'antithèse absolue du colonialisme. Malheureusement pour l'Algérie, c'était une des nombreuses impostures du communisme. On ne peut avoir que de la sympathie pour ce pays qui se débat et cherche la forme d'équilibre qui lui convient.

Du point de vue diplomatique, c'est-à-dire égoïste, il est important pour nous que la route soit barrée à l'intégrisme qui représente un danger certain. Parler d'une défaite de la démocratie avec regret c'est, une fois encore, croire que l'intérêt de la France réside non pas dans sa sécurité mais dans un prosélytisme malvenu. Laurent Fabius a fort bien dit que l'Algérie n'avait le choix qu'entre deux mauvaises solutions, laissant entendre que la voie suivie était encore préférable. En d'autres termes, s'opposer par la force à la dictature

La mère des vertus

n'est pas démocratique, mais mieux vaut préserver l'avenir que sombrer dans l'obscurantisme.

Pour en revenir à l'Amérique, il est inutile d'ajouter que le State Department n'est nullement atteint par une incompréhension néfaste et que, comme tous ses homologues, il essaie d'encourager avec tact ses amis à corriger les comportements critiquables des autres.

On a le droit d'être ignorant, nous le sommes tous; on a le droit d'avoir des vues partisanes; on n'a pas le droit de jouer avec ce qui est, en fin de compte, la survie de son pays : son armée et sa diplomatie. La politique étrangère n'admet ni complaisance ni hostilité idéologique; elle doit, avant tout, être réaliste. Elle doit manier les rapports d'intérêts avec persuasion, les rapports de force avec d'infinies précautions. Mise au pied du mur, la diplomatie s'efface.

La vie des nations se déroule dans une agitation journalière qui mélange pêle-mêle l'incident, le futile, l'essentiel, le dérisoire, le

Mon pays

drame, le vrai et le faux. Un certain recul est nécessaire pour dégager l'important de l'accessoire, le durable de l'éphémère. On voit alors apparaître les lignes de force au travers desquelles se meuvent les événements et, en premier lieu, la réalité de la puissance.

La mère des vertus, c'est le courage.

La leçon de l'Histoire, pour un pays comme pour un homme, est que, s'il faut absolument mourir, il faut mourir debout.

CHAPITRE VI

Une affaire d'initiés

> « Le marxisme ignore la nature des hommes, veillons à ce que l'Europe n'ignore pas la nature des peuples. »

Tous sont coupables, aucun n'est fautif. Ni les hommes politiques, ni les fonctionnaires, ni les journalistes n'ont cherché à faire comprendre la vie quotidienne de l'Europe. On nous dit tout, chaque jour, sur la France. Au sujet de Bruxelles nous n'entendons évoquer que quelques grandes questions. Hormis Jacques Delors et le commissaire anglais sir Leon Brittan, nous ne connaissons même pas le nom des principaux dirigeants européens.

Les hommes politiques redoutent le jugement de leurs concitoyens dès lors qu'il s'agit de fonctions nationales exigeant l'éligibilité. Responsables européens, ils n'ont aucun souci

Mon pays

de la sorte. Ils ont, certes, de la bonne volonté, mais ils sont en état d'apesanteur électorale. Le vibrionnage européen se déroule en vase clos, entre initiés. C'est ainsi que la grande majorité d'entre nous perçoit l'Europe.

Qu'on ne s'étonne pas, dès lors, si l'opinion publique ignore tous les bienfaits que la France retire de la construction européenne. Que nos responsables ne s'étonnent pas si l'Europe sert de bouc émissaire, accusée de tous les maux. Cela me rappelle mon enfance : on rendait les ondes radio de la « TSF » responsables du mauvais temps. Pour la moitié des électeurs français, ceux qui ont voté « non » au référendum sur Maastricht en raison de leurs préjugés ou d'une mauvaise information, tout ce qui se passe à Bruxelles n'est qu'une affaire d'initiés. Ils ressentent les décisions de la Commission de Bruxelles comme un abus d'autorité. Ils ne voient même pas d'où est issue sa légitimité.

Il y a pourtant bien des circonstances où le plus étroit des nationalistes devrait comprendre Bruxelles. Ainsi de la réglementa-

Une affaire d'initiés

tion sur la composition du camembert... Elle a été ressentie comme une intolérable immixtion dans la vie privée de nos papilles gustatives bien françaises. Il s'agissait en fait de rendre service à la France en lui ouvrant les marchés de tous les pays de la Communauté grâce à une unification des règlements sanitaires.

Je ne suis pas un fanatique de l'Europe. Comme beaucoup de Français, qu'ils aient voté oui ou non, je reste très critique quant à la façon dont on semble vouloir construire cette union des peuples. Il y a bien des exemples concrets, à l'inverse de l'affaire du camembert, qui mettent en évidence ce qu'il faut appeler la mauvaise Europe. La Commission veut légiférer, par voie d'autorité, même sur les courses de chevaux en France. Elle veut restreindre le nombre d'épreuves réservées aux chevaux français et fixer, dans le détail, la répartition des allocations aux différentes catégories. Or l'activité hippique n'a pas d'objectif économique, elle ne justifie pas une réglementation de la concurrence, sauf à décider quels chevaux doivent passer le poteau les premiers et dans quel ordre. Beaucoup de turfistes auraient été tentés par le « non » s'ils avaient

Mon pays

connu cette histoire. Bref, j'ai voté « oui » à Maastricht. Mais de très nombreuses raisons me poussaient à avoir de la sympathie pour les tenants du « non ».

Élevons le débat : l'Europe est-elle nécessaire à la France ? Un peu de modestie et de réalisme s'imposent. Nous devons nous rappeler que, depuis le retour de Napoléon de l'île d'Elbe, la France, seule, n'a plus jamais gagné une guerre. Elle avait perdu sa supériorité d'être l'État le plus peuplé d'Europe et il était hors de question de trouver une supériorité industrielle équivalente. De 1918 à 1985, notre palmarès en matière de dévaluation et de mauvaise gestion monétaire est inégalé. Enfin la grande expansion industrielle de notre pays date de l'ouverture du Marché commun.

Faut-il pour autant passer de l'union économique à l'union politique ? J'affirme que oui. Le Marché commun, s'il n'est pas appuyé sur une solide volonté politique, ne peut, en aucun cas, faire face aux concurrences américaine et japonaise. Chaque pays d'Europe deviendrait alors, par la force des choses, le vassal d'un

Une affaire d'initiés

vrai grand. Tous, nous perdrions la maîtrise de notre destin. Notre identité tant vantée ne pourrait se maintenir intacte et notre chère souveraineté, désormais sans objet, pendrait tristement comme un drapeau tricolore dans un ciel sans vent.

Union politique, oui, mais pas n'importe laquelle, loin de là. Semblable à ce qu'était le marxisme au début de notre siècle, l'Europe politique est une construction logique de l'esprit, avec des objectifs louables. Le communisme a démontré qu'il ignorait la nature des hommes; à moins d'y prendre garde, l'Europe risque d'ignorer la nature des peuples. L'adaptation des mœurs, des habitudes, des mentalités, des législations à des formules unifiées ne peut se faire que lentement : quelques dizaines d'années, plus encore peut-être. Qu'on le veuille ou non, l'Europe des nations devra, aussi longtemps que nécessaire, être l'objectif avoué et formel. Vouloir fixer d'avance des dates pour chaque étape d'intégration est une erreur. Réaliser une étape dès qu'elle est arrivée à maturité, qu'elle est comprise et acceptée, voilà l'assurance d'un succès.

Mon pays

En dehors de cette lente progression, il importe de laisser aux États membres toutes les compétences qui n'ont pas besoin d'être transférées avec une absolue nécessité au niveau européen supérieur. Écartons le terme obscur de subsidiarité; disons que les États doivent procéder d'eux-mêmes à ces transferts. Si dans un cas précis la collectivité européenne veut aller plus loin, c'est à elle d'en démontrer la raison afin que les parlements nationaux puissent en débattre. En cas d'antinomie irréductible, un tribunal totalement neutre et objectif devrait, in fine, être saisi du dossier. Dans bien des cas la Commission de Bruxelles, au lieu de légiférer, devrait recommander. Elle permettrait ainsi l'usage, dans des domaines très variés, d'un « label » européen qui ne manquerait pas d'être exigé par la majorité des citoyens du continent.

Même une union des États, considérée comme la moins fédérale de toutes les solutions, n'apportera à ses participants ni la puissance ni la sécurité résultant de la mise en commun des forces. A moins que cette union prenne, à petits pas, le contrôle de la politique

Une affaire d'initiés

étrangère et militaire de l'ensemble. Une telle mise en commun n'est certes pas pour demain. Fondre les industries de l'armement éparses dans la Communauté en un tout cohérent au service d'un ministère unique de la Défense sera une tâche immense dont la réalisation prendra au moins une génération. Mais à l'inverse de ce qu'on pourrait croire, elle susciterait moins de réactions négatives que, dans d'autres domaines, cette politique d'intégration dirigiste à tendance fédérale qui paraît quasiment rejetée tant le traité de Maastricht a connu de difficultés.

Dans sa forme actuelle, l'Europe collégiale fonctionne au moyen d'un super-ministère installé à Bruxelles. Quand surgit un drame quelque part, massacre d'un peuple ou d'une tribu, affrontements entre ethnies, éruption d'un volcan, explosion d'une centrale nucléaire, la Communauté en tant que telle ressemble à un médecin appelé d'urgence et qui arrive après l'enterrement. La tragédie yougoslave a illustré de la façon la plus poignante cette aboulie. Peu importe ce qui est imputable à un impérialisme serbe et ce qui

Mon pays

provient de toutes ces vieilles haines entre les populations concernées ; mais, à défaut d'intervention, l'incapacité de notre Europe à imposer par la force même des secours humanitaires est profondément humiliante pour nous tous. Le degré de barbarie, la résurgence de véritables camps de concentration, qu'on espérait disparus à jamais de notre continent, constituent une blessure intolérable pour notre civilisation. Savoir qu'à nos portes se déroule une guerre furieuse en grandeur réelle avec des morts, des blessés et des souffrances auxquelles nous nous sommes déjà habitués, est consternant.

Le drame yougoslave met en évidence combien l'Europe a du mal à endosser l'habit d'une grande puissance, à élaborer une doctrine quant aux guerres, en particulier civiles, et aux interventions qu'elles peuvent provoquer. Les États-Unis, il y a fort longtemps, ont décrété « l'Amérique aux Américains », afin de fermer la porte à toute intervention extérieure sur leur continent. Nous n'avons pas le courage de décréter que l'Europe est l'affaire des Européens pour des raisons

Une affaire d'initiés

inverses : afin de nous obliger à prendre en main nos propres affaires, à nous interdire d'avoir recours à la tutelle américaine. Les dirigeants, qui ont appelé à dire « oui » à Maastricht, se sont retournés vers l'ONU à propos de la Yougoslavie. Comme s'il s'agissait du conflit entre l'Irak et le Koweit ! Cela prouve l'incapacité des gouvernements de la Communauté à prendre parti, à aider, à intervenir. Il faut autant de courage pour se décider que pour agir. Encore faut-il avoir ensuite la capacité de parler au nom de tous.

Au début du XIXe siècle, on a pu croire un instant que Napoléon Ier réaliserait l'Europe dans une version française et continentale. S'il en a subsisté un rêve, celui-ci n'a pas résisté à l'ascension industrielle, financière, des Anglais et des Américains. Aujourd'hui, la France est plus occidentale qu'elle ne le sait elle-même. Sa culture latine, s'accordant mal avec la civilisation anglo-saxonne, masque une réalité profonde : en cas de crise, elle ne se tourne jamais vers l'Est ; elle est immanquablement aux côtés de l'Amérique et de l'Angleterre.

Mon pays

Dans la grande aventure de la Communauté européenne, la France a beau faire figure de résistante à l'influence américaine, par orgueil et amour-propre, son appartenance au monde atlantique de la liberté est irréversible. Vers l'Est, elle a essaimé essentiellement ses idées et sa culture. De l'Ouest, elle est réceptive à la nouveauté et à l'évolution.

Aussi, peut-on s'étonner de l'hostilité ironique qu'on trouve dans l'opinion française à l'égard des États-Unis. La droite française a hérité du gaullisme une extrême susceptibilité en matière d'indépendance. Je peux comprendre, sans la partager, cette réticence du faible vis-à-vis du fort. Venant de la gauche, cette réaction est moins excusable encore, car la démocratie américaine est plus avancée que la nôtre : on y vote à intervalles plus rapprochés ; les fonctions importantes, dans la police et la magistrature, sont électives ; le Parlement joue un vrai rôle de contrepoids face à l'exécutif ; l'opinion publique est plus écoutée ; enfin, les citoyens trouvent devant les tribunaux plus de recours contre l'État que partout ailleurs.

Seulement voilà, l'Amérique c'est aussi la « civilisation de l'argent », la dictature du

Une affaire d'initiés

blue-jean et du Coca Cola. L'Amérique résume à elle seule tous les fantasmes à l'égard du capitalisme. Le poids de notre passé ne nous confère pourtant aucune supériorité culturelle. Les États-Unis, dans toutes les branches d'activités, notamment scientifiques, demeurent la plus grande puissance du monde. Bien entendu, dans le partenariat atlantique, il y a mille et une raisons de s'irriter contre l'associé le plus puissant, ni saint ni infaillible. Il défend avec âpreté ses intérêts économiques mais, s'il domine à ce point notre continent, c'est aussi que les Européens le veulent bien. Il est trop tentant, face à la difficulté d'unir l'Europe, de chercher un bouc émissaire. L'Amérique reste notre alliée essentielle, même quand elle s'évertue à dire son mot dans nos affaires. En réalité, nous attendons trop d'elle, notamment en matière de sécurité, pour qu'elle puisse ignorer ce que nous faisons. Que l'Europe assume l'intégralité des responsabilités d'une grande nation ou d'une vraie confédération : l'indépendance suivra *ipso facto*.

Il est vrai que l'hétérogénéité des nations européennes rend particulièrement difficile le

Mon pays

passage d'une zone de libre-échange à une union des peuples qui ne serait pas une simple juxtaposition géographique. Union d'autant plus ardue que certaines d'entre elles n'ont rejoint le XXe siècle qu'à mi-parcours.

Il y a d'abord les trois grands : France, Angleterre, Allemagne. Les deux premiers sont les seuls pays qui ont conservé la volonté et la capacité d'agir en nations mondiales, fût-ce à une échelle limitée. Leur participation à la guerre du Golfe en est le témoignage le plus récent. La France et l'Angleterre sont, chacune, titulaires d'un siège permanent au Conseil de sécurité de l'ONU. Depuis des siècles, ces deux pays ont maintenu une tradition de politique étrangère, doublée d'un minimum de moyens d'intervention qui leur permettent de rester présents dans toutes les parties du monde. Ils sont les seuls dans la Communauté à détenir l'arme atomique.

La France doit à de Gaulle et à l'avènement de la Ve République d'avoir retrouvé son rang de « grande puissance ». Sa cohésion nationale est parfaite en dépit de divisions politiques

Une affaire d'initiés

souvent dérisoires. Sa forte économie et son aura politique lui donnent toujours un grand poids dans le concert des nations.

Membre de ce club, l'Angleterre tient une place à part. Dans l'ensemble européen, elle a longtemps traîné les pieds. Puis elle a rencontré des résistances. Enfin, elle est entrée en posant des conditions. D'un côté, elle fait figure de membre réticent; d'un autre, elle rassure les Européens qui craignent une domination franco-germanique. Nous, Français, ne nous rendons pas compte de la défiance qu'inspirent à nos voisins nos ambitions, notre puissance et notre isolationnisme vis-à-vis de l'Amérique. En politique étrangère, les vues anglaises sont pragmatiques. Quand nous paraissons inspirés dans ce domaine par une idéologie de quelque nature qu'elle soit, nos voisins tremblent. Si dans les siècles passés, nous avons porté la guerre chez la plupart de nos voisins, l'action de l'Angleterre a été plus financière et politique que militaire. Bénéficiant ainsi de son insularité, elle a laissé moins de mauvais souvenirs que nous. Nous avons tort de croire que l'Angleterre n'est qu'un satellite des États-Unis. Elle mène une politique réaliste, de bon sens, sans panache, dictée par la balance à tenir entre les concessions et les refus.

La Grande-Bretagne a connu une longue et grave anémie social-démocrate avant que la Dame de Fer ne secoue sa langueur et ne lui rende son tonus. Elle n'a pas su toutefois faire renaître son industrie, ni contrôler son inflation : le pétrole de la mer du Nord et la maîtrise des services financiers ne suffisent plus à équilibrer son économie. J'ai toutefois peine à penser que l'Angleterre va devenir « l'Homme malade » de l'Europe. Si elle ne parvient pas à identifier ses intérêts fondamentaux avec le rôle actif qu'elle devrait assumer dans l'édifice européen, c'est au couple franco-allemand que reviendra le leadership. Son absence serait regrettable.

Située au cœur de l'Europe, à cheval entre l'Ouest et l'Est, l'Allemagne est le pays le plus peuplé, le plus puissant sur le terrain économique, le plus ambigu, le plus craint, le plus courtisé, bref, le plus remuant de la Commu-

Une affaire d'initiés

nauté européenne. Héritier d'une tradition comportant les plus hautes vertus militaires, émasculé par le souvenir cuisant de crimes inexpiables et de défaites sanglantes, l'Allemagne cherche à concilier ses intérêts politiques qui sont à l'Ouest, ses intérêts commerciaux qui sont universels, son besoin de sécurité qui est à l'Est, et son désir de retrouver une stature internationale, à la mesure de sa puissance réelle. C'est déjà chose faite grâce à la force du mark, bien que la réunification lui demande des efforts démesurés.

Les Italiens sont les plus doués, les plus brillants. Leur industrie est prospère. Mais l'absence de civisme et de cohésion nationale entrave leur capacité à se gouverner. L'Italie, en raison de son inconsistance, n'a pas le rang que mériteraient son expérience politique et la finesse de sa culture.

L'Espagne vient de sortir d'une hibernation de plusieurs siècles pour rejoindre, à grandes enjambées, la modernité laïque. Ce faisant, elle a retrouvé ses qualités ancestrales et fait preuve d'une grande sagesse. Elle a encore beaucoup

Mon pays

de chemin à parcourir avant d'atteindre le rang qui lui revient. L'avenir de l'Espagne semble assuré.

Dans l'Europe de l'Ouest, le Benelux et les pays scandinaves sont des pôles de stabilité et de progrès. Acteurs à part entière, ils ne sont sans doute pas destinés à prendre la tête du mouvement européen.

En Europe centrale, sphère d'influence allemande, la Hongrie a montré qu'elle savait maintenir son identité et une certaine indépendance, même sous la domination soviétique. Joyau de l'empire des Habsbourg, elle conservera son inclination occidentale en même temps que son appartenance à la Mitteleuropa.

Les Tchèques ont toujours fait preuve de qualités sérieuses. Travailleurs, politiquement stables, ils regardent avec sympathie l'ardent patriotisme des Polonais qui va parfois jusqu'à un penchant pour le martyre. Ceux-ci, semblables à bien des égards aux Français, voient leur cohésion nationale entamée par une instabilité politique chronique.

Une affaire d'initiés

Les différentes tentatives visant à souder cet ensemble disparate ont peu de chances d'aboutir vite. Ainsi la Communauté essaie de se mettre le dos au mur en fixant un calendrier. Contrainte illusoire. Ceux qui craignent un retour de socialisme ou de laxisme économique, chez l'un ou l'autre des membres de la Communauté, mettent leur espoir dans une unification européenne indissoluble pour que les « bons » encadrent les « mauvais ». Cette vue, purement défensive, d'une cordée en haute montagne, ne résout rien ; elle se transformerait en chaîne de bagnards au moindre coup de vent. Fondées sur la neutralisation réciproque, des garanties de cette nature ne sauraient résister à des tensions internes. Une vision aussi négative de la politique communautaire est, au mieux, un aveu d'impuissance.

Pour sortir de l'impasse, il est grand temps de reconnaître les réalités de la puissance. France, Angleterre, Allemagne forment l'armature de l'Europe. Plus que les autres, ces pays en portent le poids militaire, politique et économique. Chacun des trois a une densité telle qu'ils sont curieusement, tous trois, les

Mon pays

plus réticents à renoncer à leurs spécificités pour fondre leurs moyens dans un ensemble. La plupart des autres pays se posent moins de questions : être arrimé à un ensemble plus fort et plus riche leur paraît, à l'évidence, désirable. Si prééminence il y a pour les trois grands, harmoniser leur action ne va pas de soi. Le couple franco-allemand est trop dépareillé et trop inégal pour être la clef de voûte de l'édifice. La participation anglaise est indispensable, à condition que la Grande-Bretagne se ressaisisse au plan économique. Alliée à la France, l'Angleterre rétablit une certaine harmonie politique. Ce n'est pas un hasard si les autres pays de la CEE ne veulent pas que le rôle des Anglais s'estompe. Ils savent s'opposer à des abdications de souveraineté prématurées. Et puisque l'alliance américaine demeure pour l'Europe une nécessité capitale, l'Angleterre reste un pion essentiel dans la partie diplomatico-militaire.

Faire renaître une Entente cordiale étroite entre la France et l'Angleterre me paraît une nécessité capitale. Cela peut prendre du temps. C'est pourtant une condition indispensable

Une affaire d'initiés

pour que l'Europe ne soit pas déséquilibrée. Nous sommes, Français et Anglais, plus complémentaires que concurrents. Nous portons la même responsabilité dans le domaine atomique. Il serait grand temps que nous posions une série de questions : comment conserver une défense nucléaire ? L'Europe se sentira-t-elle ou non protégée par cette force de frappe ? Quel emploi stratégique faut-il lui assigner ? Devrons-nous, un jour, remettre à un gouvernement européen cet armement terrifiant ? Des solutions coordonnées sont à l'évidence inéluctables. Tous deux nous formons avec l'Allemagne un couple harmonieux. Dans le domaine monétaire par exemple, l'Angleterre pourrait faire appel à son expérience passée dans la gestion d'une monnaie unique pour le bien de tous. Pendant un siècle, tel a été le rôle de la livre sterling dans une grande partie du monde. Le dollar qui lui a succédé dans cette position universelle est resté soumis à tous les avatars de la politique intérieure américaine. Une monnaie qui s'appuierait en premier lieu sur les trois grands pourrait réussir de façon exemplaire. Après avoir mis en évidence les points de force incontour-

Mon pays

nables de la CEE, il faut préciser que le triumvirat, si un jour il existe, ne doit faire preuve d'aucune arrogance, d'aucune supériorité, d'aucune condescendance envers les pays associés. Portant plus de responsabilités, il aura surtout plus de devoirs.

N'oublions pas qu'il faudra remplacer le comité de gestion — la Commission de Bruxelles — qui existe aujourd'hui par une structure gouvernementale dont les actes devront être approuvés et ratifiés selon les règles de la démocratie.

N'oublions pas qu'il faut sans délai accueillir de nouveaux pays membres et, notamment, plusieurs des pays de l'Est en voie de reconstruction démocratique et libérale. Mais les faire entrer dans la Communauté telle qu'elle est, outre les problèmes de transition et les éventuelles tensions ethniques, serait une grave erreur. Nous irions à contre-courant, pour eux comme pour nous : il ne sert à rien de les diluer un peu plus encore dans notre ensemble communautaire. Faut-il alors attendre que la Communauté européenne soit

Une affaire d'initiés

fédérée ? Non, cela prendrait trop de temps et leur ralliement les installerait en position de parents pauvres. Pour résoudre ce dilemme, il n'y a qu'une solution : la réforme des structures.

L'élargissement de la Communauté pose avec encore plus d'acuité le problème de la création d'un pouvoir exécutif efficace, à l'autorité incontestée. Ce pouvoir ne peut pas se construire sur le modèle des vieilles nations européennes : chez elles, le Parlement contrôle un gouvernement tiré de son sein, se composant d'hommes politiques connus et reconnus dans tout le pays. Dans le cas de l'Europe, au contraire, les citoyens ne se reconnaissent pas dans le Parlement de Strasbourg. Ils ne soutiendront pas un exécutif tiré d'une assemblée d'inconnus dont ils ignorent le passé et la personnalité. Je voudrais suggérer la création d'un directoire inspiré du Conseil de sécurité de l'ONU. Il serait composé de trois membres permanents, France, Angleterre, Allemagne, ainsi que de deux à quatre autres États désignés par rotation. Ce directoire choisirait, contrôlerait le gouvernement européen en lais-

Mon pays

sant au Parlement européen le pouvoir de censure et d'approbation de la politique générale. Tout ceci, bien entendu, se ferait dans le cadre des compétences communautaires, à l'exclusion de celles, fort nombreuses, réservées aux pays membres.

La prééminence des nations anciennes et puissantes, pendant une période indéterminée, n'est sans doute pas un exemple de parfaite démocratie. Mais chacun sait que leur accord, à ce jour, entraîne celui des autres. L'opinion publique européenne, dotée d'un instinct très sûr, confère d'ailleurs aux représentants français, anglais et allemands une incontestable légitimité pour qu'associés aux autres, ils assument la responsabilité du destin commun.

Ma suggestion fera bondir nombre d'Européens inconditionnels. Elle n'est pas aussi irréaliste qu'il y paraît : l'Europe politique et les abandons de souveraineté qui en découlent ne s'obtiendront jamais dans un néant collégial unanimiste.

Pour parler clair, une Europe véritable exigerait que dans le cas d'une menace terroriste

Une affaire d'initiés

allant, et pourquoi pas, jusqu'au nucléaire, Paris soit d'emblée aussi solidaire de Liverpool que Londres de Marseille : et sans téléphoner au préalable à Washington.

Anne, ma sœur Anne, ne vois-tu rien venir ?

CHAPITRE VII

La nouvelle donne

> « Il n'y a pas de démocratie sans qu'on fasse confiance aux autres. »

Le communisme s'est effondré. A l'origine, il avait suscité un espoir immense dans l'Occident où il est né et d'où il s'est propagé vers le tiers monde. Cette espérance a inspiré chez des êtres d'élite un dévouement et des sacrifices admirables.

Avant la guerre, dans la première période du communisme soviétique, beaucoup d'intellectuels, toute idéologie mise à part, pensaient que la science et l'organisation rationnelle avaient fait assez de progrès pour permettre désormais à l'homme de maîtriser la vie et les rapports économiques au lieu de se laisser ballotter par le « hasard ».

La nouvelle donne

La guerre et l'horreur inspirée par le nazisme ont joué en faveur de l'URSS et du communisme : « L'ennemi de mon ennemi est mon ami. » Il a fallu attendre quelques années avant que n'apparaissent l'échec des économies étatiques planifiées, le caractère abominable de la dictature terroriste ne faisant que l'aggraver. Par la suite, on a dénoncé l'aveuglement des intellectuels qui, toute mauvaise foi mise à part, pouvait avoir deux causes : une inclination pour un monde planifié qui leur assurait un rôle de choix auprès du pouvoir et dans la société : un certain dépit de voir industriels et scientifiques leur enlever un monopole flatteur. Qui sait, de surcroît, quelle résonance pouvait trouver l'inflexible et cruelle volonté chirurgicale des maîtres communistes dans les tréfonds cachés de quelques esprits ?

Je me garderai pour autant de médire des intellectuels. Ils défendent avec vigueur des causes qui, sans eux, pourraient nous laisser indifférents ou aveugles. Leur enthousiasme a un prix : ils voient le monde en noir ou en blanc. La réalité est le plus souvent grise.

Mon pays

De très nombreux hommes d'État ou de hauts fonctionnaires, hostiles au communisme et immunisés contre tous ses faux-semblants, ont trouvé des satisfactions dans leurs rapports avec leurs homologues soviétiques. Il est naturel que nombre d'entre eux aient été sérieux, cultivés et d'un commerce agréable; c'est une évidence, mais il s'agit ici d'une remarque plus subtile.

Le dictateur lui-même jouit du prestige que lui donne son pouvoir absolu. Pour en arriver là, il a dû faire preuve d'une habileté et d'une combativité impitoyables. Cette conviction qui, bien sûr, fait frissonner, ajoute à l'aura du personnage. Le visiteur occidental, outre une curiosité naturelle, est transporté dans un autre monde : il rencontre un despote semblable à ceux qui ont brillé dans l'histoire des siècles passés. Il est loin du train-train, souvent médiocre, d'un régime parlementaire et démocratique. Les crimes dont il n'ignore pas que son vis-à-vis est coupable, sont le droit commun de l'exercice antique du pouvoir. Notre visiteur en vient à planer dans une atmosphère raréfiée où il partage un instant

La nouvelle donne

une puissance sans pareille. Pour peu que le satrape lui témoigne de la considération, prenne au sérieux son message, fasse montre de naturel et de simplicité directe, notre Occidental ne peut demeurer indifférent à ce cocktail flatteur d'égards et de puissance.

Combien en ont conclu qu'avec ce régime on pouvait négocier, être compris, être admis. Ce n'était pas faux; mais cela a troublé notre vision des choses et nous a empêchés de saisir beaucoup d'occasions qui nous ont été offertes de tenir tête ou même de faire reculer le rouleau compresseur.

A la conférence de Pitsounda, en Crimée, en 1973, Georges Pompidou, malgré son admirable stoïcisme, avait laissé percevoir un certain inconfort à Léonid Brejnev, lui-même déjà embarrassé par sa carcasse massive et sclérosante. Les deux hommes ont, peu ou prou, sympathisé sur le terrain de la maladie, fort éloigné de la politique. A la séance du Soviet suprême où Brejnev a rendu compte de la conférence, il a ajouté qu'il gardait pour lui, bien entendu, ce que son interlocuteur avait pu

Mon pays

lui dire sur un plan strictement personnel. Plus tard, au cours d'un dîner officiel à Paris, Brejnev échangeait avec Mme Pompidou des innocentes plaisanteries à propos d'un briquet. Mais Georges Pompidou n'était pas de ceux que cette apparente intimité aurait fait dévier si peu que ce soit de son chemin.

Si le communisme repose sur des certitudes invariables, le libéralisme est le mouvement perpétuel.

Le capitalisme démocratique est fondé sur le comportement spontané d'une infinité de cellules humaines. En cela, le libéralisme s'apparente au fonctionnement physique des espèces vivantes, entretenues par une infinité d'échanges internes inaperçus, variables et parfois imprévisibles.

Depuis la naissance du capitalisme industriel au début du XIXe siècle, l'amélioration des lois sociales vers plus de protection et plus de justice, des lois financières vers plus de transparence, plus de rigueur, a été constante. Le chemin parcouru est tel que si on sortait de

La nouvelle donne

l'hibernation un chef d'entreprise d'il y a cent quatre-vingts ans, il préférerait, faute de s'y retrouver, retourner pour de bon dans les glaces.

Les progrès de toute nature sont irréversibles. La gauche en a inspiré ou édicté la plupart. Elle ne peut donc être sincère quand elle affecte de craindre qu'accepter de façon formelle le libéralisme ouvre la voie à une marche arrière aussi indésirable qu'impossible.

Le puritanisme des pays à majorité protestante renforce la rigueur de l'État de droit, ainsi qu'une exigence de moralité pour les dirigeants, même si nous Français sourions devant quelques incursions excessives dans la vie très privée des hommes politiques... Un État sévère s'appliquant à lui-même les règles imposées à tous est une garantie de paix sociale et de discipline consentie.

On a souvent parlé du libéralisme en lui accolant l'adjectif péjoratif : débridé. Il ne mériterait ce terme qu'en raison d'une carence volontaire de l'État. Tel n'est certes pas le cas

Mon pays

du libéralisme aujourd'hui. L'État joue et doit jouer un rôle essentiel, prépondérant, et qui va croissant. Son action s'applique en effet à tous les domaines qu'il est inutile de détailler. L'État c'est la nation, le libéralisme une façon de concevoir sa relation avec les citoyens. Il n'est pas de leur part une tentative de s'en affranchir. Il suppose une confiance du pouvoir dans la capacité du citoyen de gérer, d'entreprendre et de progresser. L'État doit codifier les règles morales qu'il faut respecter, mais il n'est pas là pour gérer les comportements. Affirmer que les libéraux veulent remplacer la société étatiste administrative par un capitalisme sauvage n'est qu'une polémique de bas étage. La différence entre le socialisme qui accepte la loi du marché et le capitalisme soumis à la morale et à l'intérêt général est une différence de conception, de préférence et d'appréciation du rôle que l'État s'attribue.

Certains auteurs ont voulu opposer dans son essence le capitalisme dit californien des États-Unis à notre capitalisme dit alpin. Ce sont les différences de mœurs qui commandent l'économie. L'Amérique privilégie l'initiative et en accepte les risques. Si la majorité exigeait

La nouvelle donne

une Sécurité sociale aussi avancée que la nôtre, il y a belle lurette qu'elle aurait été instaurée. Peut-être est-ce d'ailleurs un tort de ne pas l'avoir fait ? Il ne s'agit pas de « moins d'État » ou de « plus d'État » ; il s'agit d'établir la valeur et les limites de l'action que peut réaliser la société civile. Il faut connaître les limites de l'action étatiste, la valeur de la non-ingérence. Les hommes du pouvoir doivent savoir résister à la tentation compréhensible, mais aveugle, de tout codifier, de tout régenter.

La nocivité des interventions de l'État, agissant comme le ferait une gouvernante avec des enfants, saute aux yeux à propos du système audiovisuel français enserré dans un carcan de contraintes qu'aucun gouvernement n'accepte de réduire. Pensez donc, quelle horreur ! La liberté pourrait plaire au public au-delà de ce qui est « bon pour lui » et les entrepreneurs de télévision pourraient gagner de l'argent. De plus, l'État trouve là le moyen « d'aider » l'industrie française du cinéma ; il n'est pas prêt de se dessaisir d'un tel pouvoir, à l'évidence abusif.

Dans un autre chapitre, j'émets des critiques à l'égard des journalistes de la télévision. Elles

Mon pays

ne justifient pas que la puissance publique s'arroge le droit d'intervenir et de tout réglementer.

Il n'y a pas de démocratie sans faire confiance aux autres. Pour utiliser une expression dont on abuse, c'est un problème de culture.

CHAPITRE VIII

L'argent maléfique

> « Le capital est un monstre mi-homme mi-monnaie. »

Quand on pense à la somme de désirs et de haine que provoque la recherche ou la possession de l'argent, on se demande si le Tout-Puissant ne nous a pas donné l'outil fondamental qu'est la monnaie pour mettre à l'épreuve nos vertus, dévoiler nos vices et compliquer à l'infini nos rapports sociaux. Serait-ce la punition d'un péché originel qu'il est difficile de croire limité à l'absorption d'un fruit, fût-ce une pomme ? L'argent est impur, le capital un monstre mi-homme mi-monnaie, la propriété un privilège acquis par le vol et l'extorsion. Voilà bien des préjugés millénaires.

Richesse monétaire par excellence, l'or a toujours suscité un attrait quasi sensuel.

Mon pays

L'extase d'un Harpagon, brassant en secret un monceau de louis ou de doublons n'est-elle pas de nature érotique ? Serait-ce la raison de la pudeur, pour ne pas dire du malaise, que beaucoup ressentent en présence de tout ce qui a rapport à l'argent ? Il est de « mauvais goût » d'en discuter, d'en parler devant les enfants (à l'égal de la sexualité); comme s'il y avait un risque de les dévergonder, de susciter chez eux des tentations dangereuses et précoces.

L'argent est sacré, puisqu'il est coupable de le galvauder. Il est tabou, puisqu'il vaut mieux le cacher. De toute manière, c'est une maladie honteuse : les sommes considérables que peuvent gagner les grands sportifs ou les artistes de music-hall ne sont guère critiquées. Mais les honoraires d'un notaire, d'un laboratoire médical ou d'une agence de placement sont perçus comme une dîme extorquée sans contrepartie de services rendus.

Les Français sont convaincus qu'on ne gagne de l'argent qu'en volant le public. Par dépit, ils préfèrent engraisser l'Etat plutôt

L'argent maléfique

qu'enrichir le voisin. Même si c'est plus cher et qu'en définitive, le contribuable paie.

Un mot sur les riches : passons sur la définition du terme car chacun placera à sa guise la frontière entre l'aisance et la richesse. En fait les riches sont peu nombreux. La plupart passent inaperçus, d'autres sont surestimés. Ils ne sont souvent pas fautifs d'être riches ; ils n'y sont pas tous parvenus par des moyens coupables. Si étonnant que cela puisse paraître, il peut y en avoir partout, même dans les pays les plus pauvres. Beaucoup ne savent pas conserver ce qu'ils ont gagné. On a beau les regarder comme des dinosaures, ils mangent, boivent, fument, dorment comme tout le monde. Ils ne sont ni nocifs, ni contagieux : ce sont des mammifères. Ils sont le symbole de l'argent et polarisent sur eux tous les mythes, toutes les hostilités, tous les préjugés.

Coupables de susciter l'envie, responsables des mauvais sentiments qu'ils inspirent, les riches doivent déployer des trésors de modestie et de simplicité pour se faire pardonner.

Les humoristes ou les aigris ont beau jeu de les plaindre, par dérision, pour la peine qu'ils ont à surmonter leur bonne fortune.

Mon pays

La détention d'argent est, paraît-il, chargée de bassesse, son pouvoir maléfique inspirerait même une philosophie satanique.

En fait, l'argent n'est ni bien ni mal; il est neutre. La monnaie n'est que l'instrument comptable de l'activité ainsi que le véhicule de transmission du flux économique.

Cet argent qu'on personnalise pour le diaboliser semble avoir deux faces : Docteur Jekyll, sympathique, et son frère Monsieur Hyde, malfaisant et cupide. Pour l'instant, le docteur bienfaisant a toutefois le vent en poupe.

Dénoncer le pouvoir de l'argent est un slogan. Il suffit d'observer les plus grandes entreprises pour voir clair. Leurs opérations (trésorerie, achats, ventes, salaires) se chiffrent en milliards de dollars. Leurs dirigeants n'ont pourtant d'autre pouvoir que de bien gérer pour continuer à progresser ou, sinon, de fermer boutique. Leurs décisions dans la gestion de l'affaire intéressent leurs collaborateurs. Elles affectent moins le monde qui les entoure.

L'argent maléfique

Si, grâce à leurs moyens immenses, on craint que ces géants obtiennent des avantages importants de pays étrangers au détriment des intérêts nationaux, il faudrait croire que les gouvernements et les industriels sont à la fois vénaux, incapables et suicidaires.

Enfin, les marchés boursiers indiquent la bonne ou la mauvaise santé économique, parfois la confiance ou le mécontentement du public. Tous ces indicateurs, parmi bien d'autres, intéressent le gouvernement. Mais la cote résulte d'actes isolés d'un grand nombre d'opérateurs qui s'ignorent, et ont de surcroît des motivations diverses. Aussi la « corbeille » ne peut-elle avoir aucune personnalité, aucune volonté, aucun pouvoir.

Si ânonner l'expression « l'argent roi » a un sens, c'est regretter la gestion étatiste ou marxiste. Celle-là pourtant a prouvé qu'elle était la Reine faillite.

S'il s'agit d'insinuer que le libéralisme capitaliste, travesti en « règne de l'argent », ouvre la voie à tous les scandales, il convient d'observer qu'il en surgit partout et que la corruption dans un régime étatiste atteint le pouvoir politique avec des conséquences fort graves.

Autre cliché longtemps à la mode : « La domination de l'argent. » Il indique avec réprobation que les gouvernants cèdent trop souvent à des intérêts privés au lieu de décider en fonction d'un intérêt général. Les attaques contre l'économie de marché basée sur le profit ne sont qu'une survivance de la lutte des classes, ainsi Pierre Mauroy dénonçant les « gens du Château ».

L'obligation dans laquelle se trouve toute entreprise de bien gérer ses affaires entraîne le rejet des solutions coûteuses, y compris dans les domaines touchant à l'esthétique et à la culture. On trouve de multiples exemples d'intervention de la collectivité, notamment dans les programmes de la télévision, pour rehausser le niveau de productions limitées par l'impératif des coûts. Le libéralisme compétitif a, pour notre bien à tous, une valeur d'efficacité sans égale. Il a pour fonction d'être utile. On ne doit pas le confondre avec le mécénat, public ou privé.

L'argent maléfique

Il est du devoir élémentaire d'un gouvernement de choisir, quand elle est justifiée, une solution contraire aux stricts intérêts matériels. Mais seule la cohorte de nos dirigistes s'accorde le droit de décider ce qui est bon pour nous. Elle regrette encore la priorité qu'il faut donner aux intérêts des industriels, des commerçants, des agriculteurs, qui constituent à eux tous la richesse de la nation. Veiller aux intérêts économiques de la France n'est pas céder à quelque domination néfaste ou abusive de l'argent. En revanche, donner la préférence à un mauvais projet parce qu'il rapportera plus est une erreur manifeste. S'il ne s'agit pas d'une faute de jugement, il faut y déceler une domination de la magouille.

La malhonnêteté sous toutes ses formes menace en permanence le corps social; nombre de faibles sont incapables d'y résister. Les dommages demeurent négligeables dans une société où prévaut une stricte rigueur morale, depuis la base jusqu'au sommet. S'il n'en est pas ainsi, la vénalité, la compromission politique, la décomposition mafieuse auront tôt fait d'écœurer les citoyens. Bien à

Mon pays

tort, ils assimileront la vertu défaillante au régime parlementaire et deviendront la proie des forces antidémocratiques.

L'homme du XXe siècle se laisse éblouir par les réalisations techniques de son temps. Il se croit devenu un être rationnel parce qu'il bénéficie des progrès de la science. Il n'en demeure pas moins vulnérable à des impulsions déraisonnables, consulter une voyante ou prendre une pilule sous prétexte qu'elle a fait du bien à un ami. Les mythes, les amalgames, les symboles demeurent aussi déterminants que la raison. Ils peuvent faire obstacle à la meilleure politique.

S'ils sont souvent de bonne foi, ceux qui ressentent un malaise confus devant la notion de capitalisme se méfient d'instinct du libéralisme « sauvage et débridé ». Qui ne se souvient de la caricature du capitaliste avec une grosse chaîne de montre et un sourire cupide ?

Le chef d'entreprise, agent essentiel du capitalisme, n'a rien de commun avec cette image d'Épinal. Elle survit pourtant en filigrane ici et

L'argent maléfique

là. Dans l'imagination populaire, le libéralisme, fût-il économique, est confondu avec un regrettable laisser-aller de mœurs, surtout en matière de drogue ou de sexualité.

On a souvent changé les mots, faute de pouvoir changer les choses. Aujourd'hui, au contraire, il faut délibérément garder les choses et changer les mots qui dénaturent. Personne ne remet en cause l'initiative privée, la liberté d'entreprendre, la mise en concurrence, la responsabilité de gestion, la réussite économique. Alors, abolissons le mot de capitalisme avec sa cohorte de fantômes, adoptons un mot nouveau dépourvu d'équivoque. On a bien le droit de s'amuser un instant, même au moyen d'un petit jeu moins innocent qu'il n'y paraît.

Pour ma part, je propose COMPÉTITIVISME. Si quelques politiciens médisent de l'ambition économique pour innocenter leur propre ambition politique « sauvage et débridée », répondez que l'avion gratuit dont ils disposent n'est pas un gage d'austérité et que le possesseur d'une datcha ou d'une fermette n'a rien d'un Diogène.

Mon pays

Nous admirons, à juste titre, tout ce qui est désintéressé. Le refus de récompense matérielle, l'absence d'égoïsme, le manque d'intérêt pour les biens de ce monde sont aussi dignes d'estime que rares. Si l'homme était angélique, travaillait avec enthousiasme et se contentait de peu, la gauche serait comblée. Elle pourrait même conserver le pouvoir. Certains peuvent souhaiter jouir de ce paradis. Je crains pour ma part que ce ne soit dans « l'autre monde ».

Le malheur est qu'ici-bas, les hommes sont ambitieux, agressifs, intéressés. Ils ne se contenteront jamais de ce qu'on leur octroie. Ils veulent plus, et même, a-t-on dit, « toujours plus ».

La propriété reposerait, pour ceux qui n'ont pas encore exorcisé les démons du XIXe siècle, sur l'extorsion et le vol. Ils doivent être assez nombreux, si on en juge par la mansuétude avec laquelle on traite les voleurs. A l'évidence, voler le voleur devient un acte de justice : s'il est réalisé avec finesse, l'exécutant peut même prétendre à l'aura d'Arsène Lupin.

A moins que le XXIe siècle ne connaisse une misère dramatique ou des bouleversements

L'argent maléfique

tragiques, il est inévitable que le laxisme actuel provoque de vives réactions. Le pillage des légumes du maraîcher, le cambriolage des appartements, l'agression de la femme sans défense sont des actes souvent accompagnés de brutalités qui deviennent insupportables dès lors qu'une société jouit d'un haut degré de protection dans tous les autres domaines. Nous sommes soignés gratuitement, même pour nos petits malaises. Quand un voyou vous arrache toutes vos économies, la police, écœurée, renonce à l'arrêter car il serait relâché le lendemain.

Un jour, il faudra bien faire la distinction entre ce qui relève de problèmes éducatifs, géographiques, économiques, sociologiques, et une mansuétude délibérée qui relève davantage de la lutte des classes que du progrès social.

Mais le coût d'une sécurité accrue sera loin d'être négligeable et viendra s'ajouter à la charge croissante de toutes les formes de protection sociale existantes.

Mieux vaut ne pas se faire trop d'illusions sur les promesses économiques du XXIe siècle.

CHAPITRE IX

La tutelle républicaine

> « Passant de la royauté à la République, les Français n'en ont pas pour autant renoncé à leur soumission envers le pouvoir. »

La France est le pays du verbe. Une fois que l'on a parlé, on croit avoir agi.

La Déclaration des Droits de l'Homme est une invention française. La France n'en est pas pour autant la patrie des Droits de l'Homme. Nous en avons certes exporté le message exemplaire. Mais d'autres, l'Angleterre notamment, ont su avant nous donner l'exemple. Nous n'avons pas été les premiers à abolir l'esclavage, à donner le droit de vote aux femmes. Contentons-nous de figurer à une bonne place, dans le peloton de tête.

La tutelle républicaine

L'Américain Irving Kristol, un sociologue néo-conservateur, affirme que la révolution américaine est l'une des rares à avoir atteint ses objectifs : les enseignements et la philosophie des pères fondateurs ont servi à la création d'une société nouvelle. Leurs préceptes ont été mis en pratique et la nation est, aujourd'hui encore, fidèle à leur esprit. Est-il permis, sans être accusé de sacrilège, de s'interroger : notre révolution française a-t-elle réussi à en faire autant ?

Certes, elle a dégagé un souffle de fraternité humaine qui a inspiré les hommes bien au-delà de nos frontières. L'objectif politique était d'abolir le pouvoir absolu. Les Français, sujets serviteurs du « tyran », se retrouvaient citoyens, libres et égaux, d'un État républicain. Y sont-ils parvenus ? L'ont-ils réellement cherché ?

Passons sur la désignation de « tyran » attribuée à un Louis XVI doux et indécis. Passons sur les quelques années où il était de bon ton d'utiliser l'appellation incontrôlée de « citoyen », comme plus tard, en Union soviétique, celle de « camarade ». Il n'apparaît pas que les Français aient renoncé à leur soumission envers le pouvoir, ni à une sorte de vénération du souverain et de l'État, quelles que soient les appellations successives, consul, empereur, roi, président de la République.

A Paris, pendant la Révolution française, Gouverneur-Morris, l'un des principaux rédacteurs de la Constitution américaine, écrivait à George Washington « qu'on ne se débarrasse pas facilement des mœurs et des habitudes anciennes ». Cette lucidité me ravit parce qu'elle tranche avec la plupart des écrits de l'époque.

Se voir garantir les libertés politiques, c'est bien. Jouir du droit de vote ne transforme pas pour autant les habitants d'un pays démocratique en citoyens véritables. C'est affaire de comportement, d'un sentiment de responsabilité envers soi-même, la société et le pays. C'est affaire de respect d'une dignité humaine fondamentale, la sienne et surtout celle des autres, quels qu'ils soient.

Le caractère des Français ne facilite pas le fonctionnement de la démocratie parlemen-

La tutelle républicaine

taire; combien de fois ne les a-t-on pas décrits comme des individualistes, critique nuancée d'admiration : penser par soi-même est une marque d'intelligence et les Français n'en manquent pas. Mais quand l'affirmation de sa personnalité est doublée d'intolérance au point de ne pas vouloir se rallier à ceux qui défendent des idées proches, mais pas identiques aux siennes, on cesse d'agir en citoyen. On refuse en effet un processus démocratique essentiel : soutenir le dénominateur commun et passer sur des divergences secondaires. Je ne décris pas là l'état de la droite républicaine ni même les rapports entre ses chefs. Il s'agit bien d'un mal français qui s'attaque aux fondements de la nation.

En revanche, les Français vénèrent un pouvoir dont ils ont modifié la dénomination à plusieurs reprises depuis 1789. Ils en sont restés les sujets. Aujourd'hui encore, gouvernants et gouvernés s'accordent pour maintenir des relations du type protection-dépendance. Dans quel autre pays a-t-on jamais entendu parler de « ministères de tutelle » gardant la haute main sur de nombreuses activités ? Dans un tel

Mon pays

contexte le terme lui-même, si révélateur, est intraduisible en anglais. Ce n'est pas un hasard.

Récemment un conseiller juridique français, apprenant que deux demandes similaires, présentées par la même personne, avaient été, l'une accordée, l'autre refusée, s'est écrié : « C'est naturel, on a coupé la poire en deux. » On ne peut mieux décrire, et il n'a pas même semblé s'en apercevoir, le bon plaisir du pouvoir absolu, même si notre administration est trop vertueuse pour se livrer à des caprices de souverain. Quels que soient les fondements d'une solution, il est impensable de dire une fois blanc, une fois noir. Un citoyen doit se voir appliquer le droit, et non pas subir les doutes et les compromis des fonctionnaires. Malgré sa haute qualité notre administration aime se réserver une « faculté d'appréciation ». Ce n'est rien d'autre que du pur arbitraire.

On trouve sous la plume de Jimmy Goldsmith, le financier franco-britannique bien connu, la réflexion suivante : « Les Français sont piégés par une caste de mandarins. Ce

La tutelle républicaine

sont des fonctionnaires hautement éduqués, capables et efficaces, qui sortent d'une école d'État, spécialisée à cet effet. Il est à peine croyable que, dans une démocratie, il existe un système parallèle d'éducation, destiné à produire une élite qui gère l'appareil d'État. Résultat inévitable : au lieu d'un gouvernement des citoyens, on a créé une élite qui a développé l'étatisme au point d'étouffer la France et les Français. » J'ajoute que ces élèves des grandes écoles sont protégés à vie. N'étant pas soumis à la concurrence entre jeunes de toutes provenances, ils ne subissent pas les épreuves fondamentales de l'existence qui révèlent ou développent le caractère et le courage. Ils participent à des joutes scolaires, avec le parachute assuré de la fonction publique.

Nos compatriotes adorent être investis de ce même pouvoir régalien auquel, par ailleurs, ils se plient sans murmure. Ainsi, quand une rue, pour des raisons de sécurité, est fermée à la circulation, sauf aux riverains, le policier, après vérification, devrait s'empresser par son attitude de faire oublier la nuisance qui restreint le droit fondamental d'un citoyen de rentrer chez

Mon pays

lui. Au contraire, il accepte de fort mauvaise grâce ce qu'il prend pour un « privilège » : enfreindre une interdiction édictée par le pouvoir.

Le jour où le président Kennedy a été assassiné, un journaliste français, voulant à tout prix attraper l'avion pour Dallas, commit, sciemment, un excès de vitesse sur la route de l'aéroport de New York. Arrêté par deux policiers, il leur expliqua la raison impérieuse de sa conduite. « Suivez-nous », dirent les deux motards qui lui firent franchir en trombe le restant du chemin. Les nôtres en auraient-ils fait autant ?

Au sommet comme à la base, on constate cette tendance autocratique.

Aujourd'hui plus que jamais, dans le régime de la Ve République, le chef de l'État s'attribue des pouvoirs que l'on commence à contester et qui n'ont aucun équivalent dans l'Occident.

A un moment où le coq gaulois essaie de se regarder d'un œil critique, il découvre une

La tutelle républicaine

évidence : nous persistons au fond de nous-mêmes à vouloir un État omnipotent, et nous acceptons qu'il soit désinvolte à notre égard.

La stabilité politique et l'efficacité gouvernementale sont les grands bienfaits que nous devons à la constitution de la Ve République. Mais elle favorise notre goût national du pouvoir monarchique. Sauf en période de cohabitation, l'Élysée règne et décide de tout. La fonction présidentielle inspire une soumission révérentielle fort peu républicaine et le Parlement s'en trouve amoindri.

Ce qu'il est convenu d'appeler la dérive monarchique du régime est inhérente à notre Constitution dont les rédacteurs ne semblent l'avoir ni prévue ni souhaitée. Chacun à sa façon cherche à mieux équilibrer les pouvoirs respectifs du président, du Premier ministre et leurs rapports avec le Parlement. Sans toutefois porter atteinte aux vertus fondamentales de la Ve République.

L'éclipse du Parlement, organe légitime de la souveraineté nationale, est dommageable à tous égards. Le citoyen ne se sent plus associé aux décisions importantes pour le pays. Il perd

Mon pays

confiance dans l'utilité de son vote. Il se désintéresse du domaine politique.

Le seul moyen de le faire participer à la construction européenne est de valoriser le rôle qu'y joue le Parlement national dont tout le monde peut suivre les débats. En matière de communication et de crédibilité, pour le public, le Parlement européen est jusqu'ici un ectoplasme. Tout le monde reconnaît aujourd'hui que le sursaut imprévu du « non » à « Maastricht » est dû à la méconnaissance de cette vérité.

L'ère des réformes inévitables est proche.

CHAPITRE X

A *front renversé*

> « Tout le monde aujourd'hui est de droite ou de gauche. »

Notre rapport à la politique, à l'inverse de celui de nos voisins, n'est pas pragmatique. Il demeure idéologique. Au plan social nous sommes un des pays les plus avancés. Sous l'inspiration des forces de gauche, cela va de soi. Mais l'organisation du progrès a été réalisée, le plus souvent, par des gouvernements de droite qui ont su intégrer les réformes dans leur gestion des affaires. Les partis de gauche, s'attribuant le mérite de la promotion sociale, se sont longtemps sentis frustrés de ne pas en recueillir le succès électoral, de n'avoir pas eu leur part d'exercice du pouvoir, objectif suprême de la politique.

Mon pays

Quand enfin les circonstances les ont favorisés leur premier mouvement a été de rattraper le temps perdu. De prendre, en quelque sorte, une revanche. D'où un comportement précipité, un bouleversement irréfléchi des grands équilibres. Comme si le temps leur était compté, que le pays bientôt retomberait dans un obscurantisme de droite qu'ils se plaisent à imaginer.

Inutile de dire que la gauche justifie ainsi ses propres craintes et devient l'artisan de son propre malheur. S'il n'y avait pas eu la stabilité inhérente à la Ve République, la gabegie de 1981 à 1983 aurait été sanctionnée. La majorité de gauche a pu bénéficier du répit nécessaire pour abandonner les utopies et initier une gestion raisonnable, celle par laquelle il aurait fallu commencer.

La rivalité traditionnelle entre droite et gauche exprimait l'opposition de deux tendances : volonté de favoriser le plus grand nombre aux dépens des mieux lotis (et au détriment de l'incitation au progrès) pour les uns ; besoin d'une bonne gestion assurant une

A front renversé

stabilité sociale et une croissance ordonnée de l'économie pour les autres.

A notre époque, personne ne croit plus à la possibilité d'une amélioration profonde au bénéfice du plus grand nombre, obtenue au détriment d'une minorité : le schéma social du XIXe siècle n'a plus cours. Choisir entre les vieux partis procède d'une préférence pour l'une ou l'autre façon d'établir les priorités, d'un jugement ponctuel sur les mérites et les démérites d'une équipe, d'un attachement sentimental pour ce que symbolise le camp de son choix. Rien dans tout cela n'est stimulant. Dès lors, un grand nombre d'électeurs, indifférents à la politique, trouvent plus attrayantes des propositions d'une autre nature, même utopiques.

La plus en vue est la thèse écologiste. Les deux partis qui en France s'en réclament entretiennent une confusion absolue sur leurs objectifs et leur philosophie. Les uns veulent défendre l'esthétique de notre environnement, les autres la pureté de l'air que nous respirons, de l'eau que nous buvons et des aliments que

Mon pays

la terre nous prodigue. Certains encore, au lieu de lutter contre les pollutions, veulent un changement réel de la vie : restriction drastique de l'automobile, raréfaction désolante de l'électricité et hausse de son prix par abolition des centrales nucléaires. Enfin, les plus enragés militent en faveur d'un programme où un naturalisme rousseauiste mâtiné de marxisme débouche sur un retour à la terre, sur un nivellement salarial, par le bas, tout cela provoquant un effondrement industriel, en particulier dans les domaines des transports et de l'énergie.

L'honnêteté exigerait de dire sans équivoque s'il s'agit de soigner la qualité de la vie ou, au contraire, de veiller à ne pas rendre la planète inhabitable. Cette dernière préoccupation n'est pas du ressort des hommes politiques mais de celui des scientifiques. Une élection, elle, a pour objet de choisir ceux qui nous gouvernent, qui ont l'expérience du pouvoir et qui semblent nous offrir toutes les garanties souhaitables. J'ai beau me sentir concerné par l'écologie, je n'ai pas plus envie de voir un écologiste à Matignon que Platini à l'Élysée sous prétexte que j'aime le sport.

A front renversé

Notre vie parlementaire contraste trop avec celle des autres démocraties. Nos élus s'estiment encore membres d'une coalition, séparés de leurs « ennemis » par le fossé infranchissable d'un désaccord (de plus en plus périmé) sur la nature de la société. C'est ainsi que M. Mitterrand avait, paraît-il, trouvé surprenant que, avant leur face-à-face à la télévision, en 1981, M. Giscard d'Estaing soit venu lui serrer la main.

Cette intolérance rendrait impossible en France l'établissement d'un régime présidentiel. Dans ce schéma, le président, inamovible pendant son mandat, devrait exercer les fonctions de chef de gouvernement. Si la majorité parlementaire était de son bord, elle n'oserait jamais le censurer et ne remplirait pas son rôle essentiel de contre-pouvoir. Si elle lui était opposée elle se refuserait à collaborer afin que le président puisse gouverner comme il le doit.

La cohabitation de 1986 à 1988 entre un président socialiste et un gouvernement de droite fournit un parfait exemple de cette intolérance. Le gouvernement a entrepris d'appli-

Mon pays

quer le programme pour lequel il avait été élu. M. Mitterrand aurait pu se déclarer le président de tous les Français, laisser Jacques Chirac gouverner, faire comprendre en nuances qu'il aurait certes préféré une autre politique, mais qu'il acceptait loyalement le choix des électeurs. Au lieu de cela, il n'a cessé de gêner, de miner et de critiquer le gouvernement qu'il avait mis en place. Il s'est marqué de la sorte comme un partisan. Il a perdu toute possibilité, en cas de crise, de présider à l'union nationale.

Pour apaiser l'acuité du débat droite-gauche, certains ont voulu instaurer la proportionnelle dans notre système électoral sous prétexte de justice. C'est une erreur car une élection n'est pas un acte de justice ; c'est un acte de gouvernement. Il doit être honnête, certes, mais efficace. Toutes les démocraties occidentales ont un électorat partagé, moitié-moitié, entre la droite et la gauche. Ensuite, la moitié élue doit gouverner les deux moitiés. Il est impératif que le gouvernement ne soit pas paralysé, faute de quoi l'on en vient à la décadence, l'impuissance parlementaire et la domination des partis politiques. Les élections régionales de 1992 à la proportionnelle en ont fourni un parfait exemple.

Si l'on observe la société française depuis la Première Guerre mondiale, trois conclusions sont évidentes :

— Les Français prennent très mal que le pouvoir les bouscule et surtout, qu'il joue à l'apprenti sorcier avec leur argent.

— Ensuite la gauche au pouvoir est condamnée à ne rien faire ou ne faire que des gesticulations, si elle ne veut pas susciter une réaction de rejet.

— Enfin, on attend de la droite qu'elle rende service, et non pas qu'elle s'efforce d'être aimée. Son rôle est d'inspirer confiance, d'assurer la stabilité, de bien gérer et de ne pas faire tanguer le vaisseau.

Aujourd'hui, la bataille est à front renversé : la gauche se veut aussi sage que la droite, mais elle ne parvient pas à se débarrasser de vieux tabous qui la sclérosent et lui font privilégier les dépenses d'État. Ayant perdu un ennemi à sa droite, le capitalisme privé, qu'elle accepte désormais, et un repoussoir à sa gauche, le

Mon pays

communisme révolutionnaire sanglant, elle ne peut plus étaler son socialisme à la française. La gauche est mal à l'aise.

La droite, elle, avait perdu le pouvoir, elle a aussi perdu son ennemi de gauche, la gabegie socialiste. Elle a perdu, enfin, sur sa droite, le monopole du discours nationaliste, elle se croit condamnée à inventer des idées au lieu de plans concrets. La droite est mal à l'aise.

De droite comme de gauche, cet embarras laisse éclater nos plus grands défauts nationaux ; chacun pour soi et tant pis pour le reste.

La gauche devrait se débarrasser de ses entraves idéologiques et se montrer à la pointe du progrès pragmatique. Elle ne serait sans doute pas suivie par un électorat qui n'aime guère le changement.

La droite devrait offrir l'image d'une grande entreprise bien gérée. Les frottements intérieurs seraient dissimulés derrière la scène, les rapports humains en apparence harmonieux. Les jalousies, les regrets, les rancœurs, les

A front renversé

droits acquis, les occasions perdues, feront le bonheur des historiens de l'an 2000. Pour l'instant, ils font le malheur des militants et, au passage, le nôtre.

Renvoyant dos à dos le communisme et le fascisme, tout le monde triche.

Le fascisme, au début mussolinien, désignait un parti politique appuyé sur une milice armée, voulant instaurer un régime dictatorial. Le nazisme, en ajoutant au fascisme l'abjection raciste, est devenu le mal absolu.
Sur le terrain de la morale, l'utopie communiste n'était pas inacceptable. Sa mise en pratique ne pouvait être qu'un désastre économique conduisant à une insupportable oppression.

Quand la gauche flirte avec les communistes, elle ne retient que l'idéologie initiale, pour se donner bonne conscience. La droite n'y voit que le parti de Staline.

Quand la droite louche vers les électeurs du Front national, la gauche dénonce une alliance impensable avec le diable nazi.

Mon pays

La gauche s'est attribué la dénomination désormais pompeuse de « force de progrès » alors que le socialisme est rejeté partout. Par son alliance, au moins électorale, avec les communistes, elle fait preuve d'une regrettable hypocrisie.

L'image de la droite dite républicaine n'est pas assez généreuse pour entraîner l'électeur centriste indécis. Celui-ci se reconnaîtrait volontiers dans la gestion des partis de droite, mais il ne veut pas se sentir « réac ». Il n'a pas le courage de braver cette diffamation. Quand une démocratie est animée par deux seuls grands partis, chacun se compose d'un éventail assez large pour ne pas se voir reprocher les excès de ses minorités. En France, où tel n'est pas le cas, la droite a aujourd'hui l'opportunité de prouver qu'elle est le parti du mouvement et de l'espoir. Mais surmonter les préjugés et faire accepter l'évolution, voilà dans notre pays des entreprises bien ingrates. La gauche, quand elle veut entreprendre des réformes, tend à bouleverser la société. Il incombera demain à la droite de réaliser une série de réformes non partisanes dont notre pays ne

A front renversé

peut plus attendre la mise en œuvre. Ses hommes les plus qualifiés sauront entraîner la majorité des citoyens dans la bonne direction, nous pouvons avoir confiance.

De Gaulle, dans un dialogue célèbre à la télévision avec Michel Droit, a dit que la mère de famille exigeant de ses enfants qu'ils se tiennent bien à table est de droite, qu'elle est de gauche quand elle les incite à améliorer leur condition économique et sociale.
Tout le monde, aujourd'hui, est de droite et de gauche.

CHAPITRE XI

La menace de l'aube

> « La race humaine demeure plus vulnérable qu'elle ne veut le reconnaître. »

Depuis des temps immémoriaux l'homme a vécu sous la contrainte de l'effort. Il lui fallait se nourrir, se protéger, se couvrir. A mesure que l'économie et le niveau de la vie ont progressé, le travail auquel l'homme était condamné s'est transformé en occupation plus qu'en effort. Depuis des siècles, il ne disposait que de peu de temps — et donc d'énergie — pour ses loisirs. Les facilités matérielles, la durée moindre du travail, la retraite précoce, la vie allongée, tout cela nous procure de nouveaux espaces de liberté. Seul le chômage, à sa façon pénible et contraignante, induit un supplément de liberté bien malvenu. Une part importante de la vie économique repose désormais sur l'occupation de ces loisirs. Il serait

La menace de l'aube

grand temps d'étudier les conséquences psychiques et sociales de ce nouvel état, celui de l'homme en partie inoccupé, et de ses conséquences sur la société tout entière. L'homme inoccupé sera-t-il plus ou moins politisé ? Plus ou moins exigeant ? Le prochain millénaire réservera bien des surprises.

A cet égard, l'allongement de la vie entraîne d'importantes modifications. Désormais, chacun s'attend à vivre au moins quatre-vingts ans, sans difficultés matérielles et avec un maximum de protection. Notre attachement à la vie s'est mué en un droit à la vie, assorti de toute une série d'exigences. Paradoxe : au temps où la vie était d'autant plus précieuse qu'elle était brève, où sa durée était limitée, où les maladies étaient sans recours et la sécurité financière dérisoire, nous n'hésitions pas à la mettre en jeu pour des causes qui, aujourd'hui, ne conduiraient pas à un tel sacrifice.

Notre sécurité, ce trésor garanti, freine nos élans, provoque un égoïsme frileux en même temps qu'elle ouvre des possibilités nouvelles d'action et de réflexion. Les appareils et les

Mon pays

services que la science met à notre disposition pour faciliter le confort quotidien nous rendent exigeants et moins spartiates.

Au strict plan de l'économie, l'allongement de la durée de la vie a pour conséquence inéluctable d'augmenter sans cesse le nombre de retraités à la charge de la population active. A cela s'ajoutent les progrès de l'industrie qui permettent d'utiliser moins de bras tout en produisant plus et moins cher. La médecine et la chirurgie obtiendront des succès chaque jour plus éclatants. Mais chaque progrès exige la mise en œuvre de procédés de plus en plus sophistiqués et coûteux.

Les progrès et la rationalisation pourront-ils faire face à l'augmentation de toutes ces charges ? Permettront-ils un accroissement, même faible, du niveau de vie au bénéfice de tous ?

Parlons clair : la solidarité, c'est-à-dire les impôts, ne prendra-t-elle pas dans ce contexte une part toujours plus grande du revenu national ?

La menace de l'aube

On nous a décrit la monotonie, la grisaille de l'existence dans les pays scandinaves quand ils se sont laissés aller à une politique socialiste poussée à l'extrême. Prions que tel ne soit pas le sort de nos enfants, qu'en pleine prospérité ils n'aient pas à souffrir de restrictions d'autant plus insupportables qu'elles paraîtront incompréhensibles. Ces oscillations entre le haut et le bas ont toujours existé. La politique s'attaquera, comme toujours, à cette éternelle quadrature du cercle. Elle ne pourra la résoudre. Toutefois, je reste convaincu que le poids des contraintes rend probable, sinon inéluctable, un retour à la social-démocratie. S'agira-t-il de libéralisme dirigé ? De socialisme exacerbé ? J'ose espérer que tous nos efforts tendront à maintenir le plus de liberté et d'initiatives possibles.

En Occident, la hausse générale du niveau de vie a réduit l'écart qui existait, il y a quelques décennies encore, entre les classes privilégiées et le reste de la population. L'élitisme économique et social a perdu de sa signification : les uns et les autres fréquentent les mêmes plages, assistent aux mêmes spectacles,

Mon pays

roulent dans des autos assez semblables, se livrent aux mêmes excès diététiques et s'inquiètent pareillement pour leurs enfants. Toutes classes sociales confondues nous sommes concernés par la grande pauvreté qui nous fait honte.

Tous nous sommes devenus tributaires de la télévision pour nous distraire, pour être informés. Bien calés dans notre fauteuil il nous arrive de regarder les autres se battre, souffrir, mourir.

Au cours de la guerre du Golfe, en 1991, un journaliste interrogeait, sur le champ d'opérations, un général français. Il lui demandait si l'attaque aurait bientôt lieu, avant ou après la pleine lune, quel serait le secteur français, si le choc serait frontal ou la manœuvre latérale. Le journaliste n'a pas été renvoyé en France, ni mis aux arrêts. Je sais bien que seules les réponses sont indiscrètes, le général s'en est tiré avec patience et tact. Mais tromper à ce point le public en présentant la guerre comme un match de football, en interviewant un militaire comme un joueur de tennis avant son entrée sur le cours de Roland-Garros, c'est plus qu'une désinformation, c'est une faute.

La menace de l'aube

Autre scène : un présentateur du journal de 20 heures apprend à Paris qu'un Scud vient à l'instant d'atteindre le territoire israélien. Aussitôt, il appelle son envoyé spécial à Jérusalem. Il lui demande où est tombé l'engin, s'il est ou non chargé de gaz toxiques. Le malheureux reporter se trouve dans un abri clos, il porte un masque (obligatoire) et il articule avec difficulté « je ne sais pas ». Insatisfait, le journaliste parisien annonce qu'il va interroger son correspondant à Berlin au cas où il en saurait plus. Il s'est ensuite excusé auprès des téléspectateurs de n'avoir pu, cette fois-ci, leur montrer le Scud dans le ciel et suivre sa gracieuse trajectoire de mort. Il a promis de faire mieux la prochaine fois.

Comment peut-on être déformé par l'audiovisuel au point de confondre la guerre avec les jeux Olympiques et les fusées anti-villes avec un feu d'artifice du 14 Juillet ?

Si Jupiter rend fou les hommes qu'il veut perdre, la télévision rend fous celles et ceux qui sont projetés sous les feux de sa rampe. Tout le monde sait qu'à la télévision les faits

Mon pays

sont présentés de façon simplificatrice et réductrice. La télévision est partielle, sinon partiale. L'information par l'image nous fait découvrir les personnages de l'actualité en chair et en os, tous placés sur le même plan : hommes politiques, sportifs, criminels, victimes d'accidents, écrivains, gagnants du loto, étrangers éminents, chiens savants... Chacun est alors illuminé d'un éclat fugitif qui suscite l'admiration des téléspectateurs dans une regrettable confusion entre notoriété et gloire. Si l'audiovisuel apporte des distractions jusque-là inconnues, si le petit écran occupe souvent la chaise vide dans la demeure solitaire, cette présence obsédante diminue chez chacun de nous le besoin d'autrui. La télévision renforce l'autonomie et l'égoïsme, elle tue la convivialité. La solidarité humaine se développe, hélas, dans le danger; elle reste vivace dans le malheur. La société moderne tend à devenir la somme des égoïsmes plutôt que celle des valeurs partagées. Elle perd de sa grandeur, de sa noblesse.

Notre civilisation est aussi menacée par la tendance à la dénatalité qui dans les pays à

La menace de l'aube

haut niveau de vie est à l'inverse de la croissance rapide ailleurs. Il est temps de réaliser qu'à l'échelle planétaire la population blanche est devenue minoritaire, qu'elle ira s'amenuisant. La survie de sa culture pose problème. En Occident, nous savons tous qu'une immigration massive d'étrangers provoque une vive et inquiétante réaction de rejet.

Guy Sorman, dans un de ses livres, *En attendant les barbares*, étudie notamment la manière avec laquelle chaque grand pays occidental s'efforce d'intégrer ses immigrants. La France est plus xénophobe que raciste. Chez nous, la notion d'étranger dépend de l'idée que nous nous en faisons. Ma grand-mère me disait que de son temps, avant 1914, un salon où il y avait des étrangers n'était pas un salon élégant... Aujourd'hui il ne viendrait à personne l'idée de se priver de ceux qui sont le piment de notre société.

Il y a quelques années, une foire analogue à celle du livre se tenait au Grand-Palais. Une femme s'approcha du stand de la Banque Rothschild et tint les propos suivants : « Je ne veux pas d'une banque étrangère, je ne veux

Mon pays

pas d'une banque nationalisée, je ne veux pas d'une banque juive, alors je viens chez vous. »

A l'époque coloniale, les Français, contrairement aux Anglais, n'ont jamais institué de ségrégation entre indigènes et Blancs. Nos immigrés, aujourd'hui, sont étrangers à plus d'un titre : leur aspect, leur accent, leurs habitudes familiales, leur religion sont différents des nôtres. Ils ont en outre la malchance d'appartenir aux catégories les plus défavorisées de la société. Cela ne les rehausse pas dans l'estime sélective de nos compatriotes. Une bonne part de l'hostilité à leur égard procède de la contagion psychologique. Sinon comment expliquer que cette hostilité soit si virulente dans les quartiers les plus riches, là où personne n'a jamais souffert de leur présence ? On oublie volontiers que les vagues successives d'immigration, depuis les Alsaciens en 1871, ont suscité les mêmes protestations. Puis chaque nouvelle arrivée a normalisé la précédente. Je me souviens, après 1918, d'un afflux de Polonais dans le village de mon enfance. Ils sont aujourd'hui aussi français que les plus vieux Gaulois. Quoi qu'il en soit, il faut désormais contrôler l'immigration, obturer par tout moyen décent les trous de nos frontières.

Depuis quelques années déjà, l'Islam est sujet de polémique. Il ne faut pas se laisser culpabiliser par ceux qui traitent de raciste toute personne osant réfléchir avec sérénité à la question. Si l'Europe s'est construite sur une philosophie judéo-chrétienne, sa culture n'est plus fondée sur la religion. Rien ne s'oppose à ce que des musulmans, même en grand nombre, adoptent nos mœurs en conservant, comme nous-mêmes, une appartenance religieuse qui, différente dans leur cas, ne s'opposerait pas à leur assimilation sociale et nationale. Les intégristes, qui affichent une culture et des mœurs islamiques incompatibles avec les nôtres, s'excluent d'eux-mêmes.

Quand les Français seront convaincus que le gouvernement maîtrise, à force d'efforts constructifs et patients, cet afflux qui développe les phobies, la psychose s'estompera d'elle-même.

Contrairement à ce que certains bons apôtres ont voulu nous faire croire, l'Occident n'a pas provoqué, entretenu ou aggravé la misère et le sous-développement du tiers monde. Bon nombre de ceux qui, à juste titre, s'affligent de sa misère sont aussi coupables : ils ont propagé l'illusion marxiste qui, dans les sociétés pauvres, a provoqué des ravages et a permis à certains dirigeants indignes de s'incruster au pouvoir.

Dans quelques dizaines d'années, l'Occident ressentira les effets, secondaires d'abord, de l'accroissement exponentiel des pays du tiers monde. Ce phénomène, et les dangers qu'il présente, sont d'une tout autre nature, d'une tout autre gravité que les poussées de xénophobie dont le Front national se délecte. Dans son livre *Le Nouveau Monde*, le géopoliticien Pierre Lellouche évoque l'hypothèse selon laquelle des millions de jeunes Maghrébins chercheront refuge en Europe méditerranéenne. L'Afrique est en effet incapable d'absorber cet impressionnant surcroît de population et il est impossible de rendre le littoral européen imperméable.

Ne transformons pas ces anticipations en un terrifiant scénario à la Hitchcock. Il est plus

La menace de l'aube

probable que ces vastes migrations humaines s'étaleront sur de longues périodes. Leurs effets, à terme, sans doute lointains, seront néanmoins irrémédiables. Car la marée montante finit toujours par ronger les falaises millénaires.

L'Occident ne doit pas rêver d'immuabilité. Partout et toujours, la vie est mouvement. Les évolutions sont inévitables et progressives; elles ne sont douloureuses que lorsqu'elles sont brutales.

La cohabitation en Occident de groupes ethniques et culturels différents entraîne des mélanges. Il faut répéter que le métissage n'est pas un abâtardissement. Il est par essence spontané, même s'il peut susciter des résistances sociales. Le métissage n'est pas générateur d'un quelconque déclin qui aurait la moindre réalité biologique. Il en est de même du métissage noir-blanc, visuellement très marqué. Les enfants grandiront dans le sillage socioculturel de leurs parents, ils ne seront pas affectés d'une quelconque « dégradation originelle ». Notre culture, si nous en avons la volonté, ne sera nullement infléchie en raison d'un apport externe. Elle en sera sans doute enrichie.

La parabole suivante illustre avec ironie l'inanité des fantasmes.

Un jeune couple non marié, très BCBG, roule en direction de Versailles pour se rendre à une soirée dansante. Ils se disputent, de plus en plus, au point qu'arrivant sur la grand-route de Chartres, elle exige qu'il s'arrête. Elle descend, en robe du soir. Il poursuit son chemin. Elle traverse pour faire de l'auto-stop en direction de Paris. Bientôt un grand camion à remorque s'arrête à son signal. Tant bien que mal, elle grimpe jusqu'à la cabine du conducteur et se retrouve face à un gigantesque Noir. Elle est prise de panique à la pensée des agressions de toute nature dont regorge la presse. Elle se sait fort désirable... Elle bredouille une excuse et voudrait bien redescendre.

Imperturbable, le conducteur allonge le bras, ferme la portière et démarre. Apeurée, elle se tient le plus loin possible et le trajet se

La menace de l'aube

poursuit en silence. A l'entrée de Paris le conducteur demande : « Quelle adresse ? » A nouveau, elle balbutie des remerciements et propose de prendre un taxi. Rien n'y fait, il exige de la conduire jusque chez elle. L'angoisse va crescendo.

Ayant atteint son domicile, bien entendu dans le 16e arrondissement, le Noir range son camion, descend en même temps qu'elle et dit froidement : « Quel étage ? » La panique atteint son comble à la pensée d'être enfermée seule avec lui dans l'ascenseur. Elle refuse, sans résultat : elle sait désormais que sa dernière heure est arrivée. Arrêt à son étage sans l'ombre d'un incident. Elle sonne et son père apparaît en robe de chambre, décoiffé, fort surpris. A cet instant, le conducteur ouvre enfin la bouche et dit : « Si je peux me permettre, Monsieur, de vous donner un conseil, vous devriez mieux veiller sur votre fille : car vous savez, cela aurait très bien pu être un Blanc. »

Quels que soient les mélanges ethniques qui pourront affecter la population de notre continent, l'Europe, telle qu'elle sera dans

Mon pays

l'avenir, ne nous paraîtra pas « étrangère », à condition qu'elle ait su garder son rang dans la compétition mondiale et résister à toutes les tentatives, inévitables et constantes, de domination.

A la fin du premier millénaire, une croyance païenne voulait que les étapes de notre système de numération guident les dieux et que l'an mil voie la fin du monde. Paradoxe, c'est l'an 2000, que l'on compte célébrer dans la gaieté avec un gigantesque gâteau d'anniversaire. Il pourrait réveiller chez nous l'ancestrale crainte gauloise : que le ciel nous tombe sur la tête.

Un jour, sans doute, après une longue période d'adaptation, les forces nucléaires françaises et anglaises seront commandées par le gouvernement d'une Europe qui aura alors atteint le rang de puissance mondiale. Si l'arme atomique, symbole absolu de puissance, se joue de la langue de bois et impose l'heure de vérité, elle n'assure pas pour autant à son détenteur l'invulnérabilité absolue. Une immense machinerie dépendant de l'ONU est

La menace de l'aube

en train de se mettre en place pour prévenir, contrôler, dissuader et même intervenir contre toute menace d'utilisation de l'arme atomique, quelque adversaire que ce soit. Toutes les précautions nécessaires sont prises afin d'intercepter une attaque surprise d'un État détenteur d'un armement nucléaire méconnu. Même un groupe terroriste, irresponsable par nature, ne pourrait y avoir recours sans le consentement du gouvernement sur le territoire duquel cet armement serait placé. Il n'en demeure pas moins que le risque nucléaire ne peut être exclu.

Je cite pour mémoire le roman *Les Cavaliers de l'Apocalypse* où une bombe est transportée en pièces détachées jusqu'à New York. Qui sait si cela ne deviendra pas concevable dans un avenir lointain ?

Le traumatisme d'une menace aussi terrible, si elle se matérialisait, serait de nature à faire s'effondrer les barrières de la civilisation. A partir du moment où la peur sournoise ferait place à l'angoisse, à la terreur, on verrait resurgir la bête féroce. Quelle que soit la nation

Mon pays

concernée, elle reprendrait sa liberté d'action et le déchaînement de sauvagerie surpasserait Hiroshima.

L'humanité court aussi le risque d'être confrontée à des problèmes qui dépassent la morale, insolubles du seul point de vue religieux. Plus loin je fais allusion à la mort du système solaire qui n'est pour nous qu'une vision transcendante. Le dérèglement des équilibres naturels est au contraire une préoccupation actuelle. Il ne saurait être question ici ni de les décrire, ni de préconiser des contre-mesures. Mais il faut porter notre attention sur l'insidieuse crainte de ne plus pouvoir conserver une confiance absolue en l'immuabilité de notre planète.

Dans le domaine de l'écologie, toutes les modifications théoriques sont possibles : réchauffement du climat, élévation du niveau des mers, baisse de la pluviosité des régions tempérées, accroissement de l'activité des virus, accoutumance à des thérapeutiques essentielles, modifications des rayons auxquels nous sommes soumis, démographie galopante

La menace de l'aube

dépassant la capacité nourricière de la planète. Saurons-nous nous adapter à ces hypothétiques phénomènes ? Subirons-nous des ravages terribles, pareils à ceux de la grande peste du XIVe siècle ? Dans sa phase actuelle, le Sida nous fournit un premier et inquiétant exemple. Il appartient aux savants d'émettre une opinion sur l'origine, l'extension et la maîtrise de ce fléau. Mais je ne peux me défendre de la pensée, certes simpliste, que le Sida est en fait une réaction de la « nature » contre la prolifération humaine, contre la disparition de certains virus et microbes due aux succès de la médecine.

La race des hommes demeure toujours plus exposée qu'elle ne veut le reconnaître.

Peut-être faudra-t-il renoncer, pour éviter que notre planète devienne inhabitable, à des techniques qui, aujourd'hui, paraissent indispensables. Imaginons un instant qu'il faille interdire le moteur à essence. Notre niveau de vie s'effondrerait aussitôt, provoquerait toute une série de réajustements économiques et sociaux. Qui sait si les restrictions que

Mon pays

l'homme se serait imposées n'auraient pas aussi un effet bénéfique imprévu ?

Politique et société-fiction : l'ampleur des mesures que les scientifiques auraient préconisées serait telle qu'aucun gouvernement peut-être n'oserait en assumer la responsabilité. Tous ces phénomènes se dérouleraient alors sans que personne en décide, sans qu'on veuille ou puisse s'en apercevoir, jusqu'à ce qu'il soit très, sinon trop, tard.

S'il en allait autrement, si les gouvernants prenaient sur eux d'édicter des règles qui auraient pour effet direct de régler le sort de millions d'hommes, vivants ou à venir, ils commettraient, involontairement, le sacrilège absolu de se substituer à Dieu.

Il s'agit là d'élucubrations, fruits d'une imagination débridée à laquelle je laisse toute liberté. Et cette liberté sans doute lui retire toute validité. Et pourtant... Si de nouvelles découvertes scientifiques mettaient en évidence d'inéluctables mutations profondes dans la vie de l'humanité, religieux et philosophes seraient

La menace de l'aube

à nouveau plongés dans de vastes débats, alors que vous et moi serions dépassés par l'ampleur, la gravité des événements.

Il faut pourtant s'interdire d'être fataliste. Comme il faut s'interdire de fermer les yeux. L'humanité a été capable d'affronter bien des cataclysmes. Il ne faudrait pas que l'Occident s'obstine à croire que, sorti de son confort douillet, sa sécurité précieuse, il ne peut y avoir que désolation.

Je ne sais pas comment nos arrière-petits-enfants jugeront la société que nous allons leur transmettre. Leurs critiques ne manqueront pas, ce n'est que justice. N'avons-nous pas nos propres inquiétudes à leur sujet ? Ne sommes-nous pas sans remords à leur égard ?

Troisième partie

MA FIDÉLITÉ

CHAPITRE XII

Ma fidélité

> « L'entêtement des juifs est à la fois exemplaire et méconnu. »

Les Juifs religieux, ceux qui ont la foi, n'ont pas de problèmes. Ils observent les préceptes de la Torah, c'est-à-dire ceux de la loi juive, respectent les règles alimentaires, célèbrent les fêtes religieuses et, d'une manière générale, pratiquent le culte. Ce que nous pensons d'eux ne les affecte pas, ils ont leur conscience pour eux. Quant aux Juifs pour qui la pratique religieuse, à l'instar de bien des chrétiens, n'a pas un caractère primordial, ils peuvent mener leur existence comme tout un chacun... La plupart parviennent à se débarrasser du poids de l'Histoire juive millénaire et à s'immuniser contre toute discrimination, réelle ou imaginaire. Cette évolution peut même entraîner la déjudaïsation.

Ma fidélité

En ce qui me concerne je ne puis dire que je sois ni un vrai religieux ni un vrai croyant. Mais j'ai reçu l'éducation juive habituelle : présence aux offices des grandes fêtes, éducation religieuse et bar-mitsva, l'équivalent de la première communion catholique. A cela se sont ajoutés quelques bons préceptes : le respect, la solidarité et surtout, l'interdiction d'épouser une femme non juive. Mes parents y voyaient la plus grave des infractions religieuses.

Après la guerre, j'ai pris du recul, j'étais enfin capable de décider par moi-même comment j'entendais vivre mon appartenance au judaïsme. J'ai rejeté, par exemple, l'interdit du mariage mixte. Vivant dans un monde ouvert et démocratique, je ne pouvais accepter de restreindre à ce point ma liberté, d'autant qu'il en allait du choix le plus important de ma vie.

Pour moi, le judaïsme est avant tout un lien affectif avec la mémoire, celle de mes parents, celle de ma famille, celle d'une tradition qui m'a été léguée. Je ressens mon judaïsme comme une appartenance à un groupe humain qui a en commun une allégeance religieuse, le

Ma fidélité

souvenir d'un sort passé et la conscience d'être exposé, de façon plus ou moins aiguë, à des manifestations d'hostilité, de mépris. Je pourrais devenir agressif si on m'agressait, si on insultait les Juifs, le judaïsme. J'ai toujours considéré que fuir son identité est une attitude de lâche, profondément choquante. Je suis certes devenu indulgent envers autrui, mais je ne puis m'empêcher de juger avec sévérité ces Juifs qui se sont convertis par opportunisme. Ils me rappellent ces Français qui se trouvaient à l'étranger en 1940 et qui, en âge de servir, n'ont pas eu le courage de s'engager. J'ai toujours été intraitable quant à l'honneur d'être juif, quant à ma fidélité au judaïsme.

Mais plus la démocratie favorise l'assimilation des Juifs, plus l'érosion du judaïsme s'accentue. J'ai la fierté de ce que je suis et mon attachement se définit par un mot : fidélité. Juif, je suis solidaire des Juifs, Français, je suis citoyen de la République. Ce sont deux sentiments complémentaires, en aucun cas antinomiques. C'est sans équivoque. A ceux qui voudraient néanmoins douter de mon patriotisme, je ne répondrais pas : ce serait faire injure aux Français et aux Juifs.

Ma fidélité

Aucun Juif vivant dans la seconde moitié de ce siècle ne peut échapper à l'onde de choc qui a suivi l'Holocauste. Le massacre délibéré de six millions d'êtres humains est un événement si monstrueux que nul ne peut en appréhender l'inexpiable horreur. On en garde à jamais la blessure en soi. J'ai ressenti les plus profondes émotions religieuses de mon existence à la célébration de Kippour, un mois après la libération de Paris. La population juive avait été décimée et la grande synagogue était déserte. A Jérusalem, quelques années plus tard, j'ai été appelé à dire la prière des morts dans la crypte de Yad Vachem où sont inscrits les noms de toutes les victimes des camps de l'horreur. L'émotion, là encore, fut irrépressible.

Les enfants viennent au monde purs, ignorants des tragédies et des crimes de leurs parents. Ce qu'ils apprennent ensuite est « filtré » par cette bienfaisante faculté de guérison que possède tout organisme sain. Aucun Juif, cela va de soi, ne doit perdre la mémoire de l'Holocauste. Mais il n'est pas souhaitable que ce traumatisme persiste. Les jeunes Juifs doivent se libérer de toute soif de vengeance.

Ma fidélité

Qu'ils ne se laissent pas dévorer par l'amertume, qu'ils oublient leurs griefs envers l'humanité tout entière.

Selon la religion juive, Dieu demeure abstrait au point qu'il est interdit de prononcer, d'écrire son nom, d'exécuter même une représentation matérielle de l'homme qu'il a fait à son image. Les Juifs religieux sont fiers de cette conception dépouillée de la divinité. Si certains préceptes du judaïsme paraissent aujourd'hui archaïques, le judaïsme n'en est pas moins une école de morale imposant des règles de conduite.

Je suis sensible, moi aussi, à ce monothéisme d'une grande simplicité, à cette relation directe de chacun avec Dieu, à cette égalité de tous devant Lui, chaque Juif ayant le droit de dire l'office. Les rabbins sont des sages, des érudits ; on les respecte comme tels, mais ils ne s'interposent pas entre Dieu et nous.

La journée de Kippour, à la synagogue, évoque la mémoire de ceux qu'on a perdus. Elle suscite aussi la contrition dans une atmo-

Ma fidélité

sphère de grande ferveur. Bref, cette journée est émouvante, pour ceux qui ont la foi et pour ceux qui, comme moi, restent fidèles à un environnement plusieurs fois millénaire, à un passé superbe et déchirant. Je ne voudrais en aucun cas heurter la sensibilité des Juifs croyants. Aussi, en consacrant le jour de Kippour au recueillement, je m'abstiens de sortir de chez moi, sinon pour assister au service religieux. De la sorte, je participe à l'intensité de ce moment privilégié.

Je respecte tous ceux qui, quelle que soit leur religion, s'imposent une discipline, des contraintes, des sacrifices dictés par leur dogme. Pour autant je n'accepte aucun intégrisme et l'intégrisme juif, bien entendu, ne fait pas exception à la règle. La religion est affaire de conscience et de foi. Ceux qui veulent faire du prosélytisme doivent essayer de convaincre, ils n'ont aucun droit à contraindre. Seul Dieu peut châtier; il ne s'en prive guère. L'intégrisme cherche à exclure pour dominer; cet impérialisme est insupportable.

De grands esprits ont fait observer combien la survivance des Juifs est étonnante compte

Ma fidélité

tenu des épreuves qu'ils ont subies et des efforts entrepris pour les convertir au christianisme; étonnante aussi, en raison du manque d'éléments concrets : pas de langue commune, pas de territoire commun, pour maintenir la cohésion et entretenir un esprit de résistance. Jusqu'à l'avènement d'Israël, en 1948, les Juifs formaient, à la limite, une entité abstraite. En Occident, ils étaient devenus des citoyens et avaient intégré la culture de leur pays. Je me demande parfois si, inconsciemment, les chrétiens n'ont pas leur part dans la persistance du judaïsme : leur propre religion étant issue du judaïsme, on ne doit pas condamner à mort le père, quelque obstacle qu'il y ait entre lui et soi.

A l'intérieur d'une minorité, peu importe sa nature, chacun des membres subit une pression morale tendant à la préservation du groupe. Le quitter n'est pas un acte neutre, il est ressenti comme un abandon, parfois comme une trahison. La survivance du judaïsme tient aussi à cette contrainte. L'existence d'Israël assure une pérennité au judaïsme religieux. Celui-ci dépend moins, désormais,

Ma fidélité

de la seule intransigeance des Juifs. L'opposition aux mariages mixtes devient moins virulente même si ceux-ci entraînent, à terme, la déjudaïsation des familles. Il faudrait d'ailleurs une résurgence brutale de l'antisémitisme pour enrayer le mouvement.

Ce n'est pas sans tristesse que je constate une dilution progressive de la judaïté. Pendant vingt siècles, les Juifs éparpillés de par le monde ont résisté à toutes les pressions, à toutes les persécutions, à tous les massacres par fidélité à Dieu et à sa vérité révélée. Ils ont résisté à la conversion au prix de leur vie. Ils ont donné un exemple, sans doute unique, de courage et d'endurance. Ils ont renoncé à tout pour ne jamais abjurer, ne jamais faiblir, ne jamais trahir la seule foi qui leur parût respectable. Leur entêtement est à la fois exemplaire et méconnu.

Il faut que les enfants et petits-enfants de Juifs qui seront élevés dans le christianisme gardent le souvenir de cette épopée millénaire, qu'ils en conservent l'exigence de justice et de vérité. Qu'ils soient dignes de ces millions

Ma fidélité

d'ancêtres obscurs qui, sans gloire, avec le seul soutien de Dieu, ont subi toutes les persécutions, oubliant peut-être, à force de malheur, qu'ils sacrifiaient leur vie pour conserver l'espoir.

Que leur âme repose en paix.

CHAPITRE XIII

La bête

> « La condescendance est une torture pour les écorchés. »

Après les horreurs nazies, l'antisémitisme a longtemps été considéré comme inconvenant. A mesure que le temps passe, il retrouve, pour ceux qui en sont infectés, sa réalité historique. L'antisémitisme est un délire facile et utile. Il sert d'exutoire aux frustrations des médiocres, à leurs échecs sociaux, à la haine névrotique des inadaptés. Il permet de ne pas affronter ses propres limitations, d'étayer sa haine sur de solides et pernicieux mensonges.

Les Juifs adoptent des attitudes différentes envers l'antisémitisme selon leur caractère et leur histoire : certains choisissent de l'ignorer, d'autres ne peuvent s'empêcher d'en souffrir dans leur chair; quelques-uns expriment le

La bête

mépris que leur inspire cette difformité sociale. Mais en tout état de cause, la République, elle, n'est pas atteinte par le délire antisémite. Il n'y a pas aujourd'hui en France de crise antisémite, de malaise antisémite, ou, pour utiliser la formule perverse, de problème juif.

Qu'est-ce qu'un Juif, sinon un rebelle ? Membre à part entière d'un univers occidental façonné par le christianisme, il s'entête à refuser le dogme fondamental sur lequel l'édifice est bâti : le Juif a pourtant sa place de plein droit dans le monde chrétien, puisque celui-ci procède de la civilisation juive ; elle lui a légué le monothéisme et les commandements de la morale. Le Juif fait — en même temps — figure d'hérétique puisqu'il s'obstine, au plan religieux, à nier la nature divine de Jésus.

Le Juif est un déviationniste. Depuis l'avènement du christianisme, il a poursuivi un chemin différent, opposé à celui de la majorité. Or, l'histoire est souvent ironique : la déviance relève plutôt de la majorité chrétienne. Le judaïsme influença la civilisation depuis l'Antiquité ; la chrétienté a modelé l'Occident dans lequel nous vivons aujourd'hui.

Ma fidélité

Il est clair que la construction chrétienne, aussi importante et aussi actuelle soit-elle, ne peut pas effacer l'apport initial du judaïsme.

Chrétiens et Juifs sont liés pour de bon. Cette vérité est mise en évidence à chacun des plus sombres épisodes de leurs relations. Souvent tragiques, ces relations traduisent une querelle quasi familiale. Tant que la civilisation accordait une place prédominante à la religion, il n'y avait aucun moyen de trancher le nœud gordien. Le chrétien est blessé par le refus entêté du Juif de croire en Jésus. Le Juif, lui, ne pouvant croire à ce à quoi il ne croit pas, refuse néanmoins de se dissocier du monde édifié par les chrétiens, successeurs des lointains ancêtres qu'ils ont en commun.

La Révolution française, républicaine et laïque, a mis l'accent sur le civisme, la culture et, après bien des hésitations, sur la pluralité des cultes. L'orthodoxie religieuse a cessé d'être le critère absolu du bien et du mal. La foi, dès lors, relevait du domaine individuel. Le judaïsme français commençait enfin à trouver la liberté.

La bête

De ces quelques constats, une réalité incontournable s'impose : sans le savoir, tout chrétien est un peu juif ; sans l'admettre, tout juif est un peu chrétien. Il est grand temps de s'y faire. Voilà tout.

Inutile de revenir, ici, sur l'hostilité permanente dont les Juifs ont été victimes dès l'instant où leurs croyances ont été déclarées sacrilèges. L'antisémitisme traduit toutes les pulsions collectives qui animent une société : nécessité d'un bouc émissaire, besoin d'exclure les uns pour mieux réunir les autres, soulagement des souffrances intérieures par l'agression d'autrui...

La science invente des techniques nouvelles. Une fois adoptées, les hommes ne peuvent plus s'en passer. Impossible de revenir en arrière. Impossible de les « désinventer ». Il en va de même des comportements humains, y compris les plus condamnables : une fois mis en pratique, ils prennent valeur d'exemple. L'impensable, quand les habitudes sont prises, entre dans le domaine du possible. Robespierre, le premier, a ouvert la voie au génocide,

Ma fidélité

préconisant l'assassinat collectif d'une catégorie sociale déclarée ennemie. Lénine a suivi son exemple, en l'amplifiant, rien de plus. Hitler a franchi un pas supplémentaire puisqu'il attribuait aux Juifs une malfaisance biologique.

Ce qui s'est produit une fois peut se répéter.

Je récuse néanmoins la peur superstitieuse. Je refuse la fatalité. Je maintiens que les pensées morbides des extrêmes droites en Europe ne présagent rien d'autre que de passagers troubles politiques, plus ou moins importants, mais limités. Les bouillonnements qui agitent l'Europe de l'Est, la misère qui les accompagne, les contrastes de plus en plus insupportables entre les grandes villes d'Europe de l'Ouest et leurs banlieues, tout cela fait inéluctablement resurgir la violence, la haine de l'autre, la xénophobie raciste. Le bouleversement est d'une ampleur telle qu'il n'y a pas lieu de s'en étonner. Craindre pour autant une vague de fond qui va submerger l'Europe est hors de proportion.

Je voudrais suggérer à tous ceux qui ne résistent pas à crier leur indignation et leur

La bête

angoisse, à chaque fois que l'hydre relève la tête, qu'ils font fausse route. Dans l'esprit d'un raciste, celui auquel il s'attaque n'est pas un être humain. La polémique avec lui est stérile, il faut l'empêcher de nuire, on ne peut le museler.

Il ne manque pas d'exemples plus subtils de déshumanisation. En mai 1940, un de mes cousins, traversant avec son unité un village qui venait d'être bombardé, a demandé à un habitant s'il y avait eu des victimes. Surprenante fut la réponse : « Heureusement, non ; uniquement des militaires. »

On sacrifie volontiers les autres. Mais l'antisémitisme a ceci de particulier qu'il voue le Juif à un sort funeste en priorité absolue. Autant vouloir apprivoiser un animal atteint de la rage. Puisque le phénomène existe, nous devons nous efforcer de ne pas en souffrir.

En revanche, nous attendons d'une société imprégnée de la morale des droits de l'Homme et du respect d'autrui qu'elle ne soit pas complice de ces énergumènes. Nous attendons qu'elle s'oppose à toute manifestation de leur délire. Il faut dénoncer à haute voix toute carence d'un État qui se veut civilisé, dès lors que la bête sort de sa tanière. Je crois qu'à la longue, l'antisémitisme est appelé à s'étioler. Une certaine rationalité, que nous tenons de l'esprit scientifique, tend à démonétiser les mythes et les fantasmes.

L'immense pression des masses humaines d'Afrique et d'Asie cherchant à envahir les pays riches renforcera à la longue une solidarité instinctive entre membres de la communauté occidentale. On sera moins tenté d'en exclure les Juifs. Voilà un autre facteur de normalisation. Peut-on pour autant envisager la disparition de l'antisémitisme ? Oui, mais le processus sera lent. Je veux dire par là qu'il ira à une vitesse géologique comme la dérive des continents.

Aux États-Unis, j'ai découvert que la France a la réputation d'être le pays d'Europe occidentale où l'antisémitisme serait le plus vif, le plus enraciné. Il est vrai qu'aucun autre pays ne s'est offert en moins d'un demi-siècle le

La bête

« luxe » d'une affaire Dreyfus et d'un statut des Juifs.

Les auteurs de cet infâme statut ont satisfait, cinquante ans après, leurs sentiments anti-dreyfusards. Ils ont espéré aussi, illusion dérisoire, obtenir les bonnes grâces des nouveaux maîtres au moyen de ce sinistre « cadeau ». La majorité de ces personnages, imbéciles et abjects, n'étaient même pas des traîtres à la solde de l'Allemagne. Quand, un matin, j'ai lu ce stupéfiant document, j'ai été pris d'une colère homérique. Je ne me suis senti ni gêné, ni honteux, ni intimidé. Il ne m'est même pas venu à l'esprit que j'étais exclu de la France. Je n'ai pas davantage songé à m'en exclure. Rien, par la suite, ne m'a fait changer d'avis. A l'époque, je n'ai rencontré que de la sympathie chez mes compatriotes. Ils n'avaient pas accordé une grande importance à cette « aberration ». S'intéressant à moi, ils n'avaient pas l'impression de consoler un « vaincu ».

Cinquante ans se sont écoulés depuis la Libération. J'ai toujours combattu l'accusation d'antisémitisme lancée contre notre pays. Au

Ma fidélité

profond de moi-même, j'ai tout de même la crainte que la « bête » survive chez nous en meilleure santé que chez nos voisins.

Nous n'y prêtons guère attention parce que, en France, la vie publique et économique est dépourvue de tout reliquat antisémite. Je ne crains pas qu'il en soit autrement. Dans notre pays, les extrêmes droites sont plus actives qu'ailleurs. Mais les forces qui leur sont opposées ne sont pas inférieures, loin de là.

La France s'emballe facilement. Il ne faut pas s'en alarmer : elle dispose des meilleurs freins du monde.

De temps à autre, un événement rappelle à un Juif qu'il est, quelquefois, perçu comme différent. Les Juifs, qui sont susceptibles, ne manquent pas d'en être affectés. Il y a quelques années, au cours d'une réunion de semaine, à Longchamp, un de mes chevaux termine deuxième d'une épreuve sans importance. Un personnage de bonne famille feint de trouver sinon choquant, du moins déplacé, que le gagnant se soit permis de passer devant

La bête

moi. Je me suis alors aperçu que le propriétaire en question était juif. Mon interlocuteur, avec un sourire ironique, trouvait que le statut qu'il me prêtait aurait dû m'attribuer une préséance auprès de mes coreligionnaires. En fait, ce charabia alambiqué tendait à me signifier que deux Juifs avaient fini « en tête ».

En Angleterre, au cours d'une belle réception à la campagne, donnée par une grande famille, les invités se pressaient autour d'un superbe buffet, exquis, varié et abondant. La remarque finit par être chuchotée : « Ces gens-là en font toujours plus. » Vous avez compris : les maîtres de maison étaient juifs.

En Angleterre toujours, pendant la guerre, j'étais un jour convié à déjeuner chez un de mes parents. Anthony Eden, ministre de Churchill, ami de collège de notre hôte, était présent. Au cours du repas, sans avoir l'air d'y toucher, Eden dit un mot à propos de la forte pression exercée par les Juifs du monde libre en faveur du Foyer national juif en Palestine. Puissance mandataire, l'Angleterre fermait les portes de l'immigration aux Juifs afin de ne pas

Ma fidélité

provoquer les Arabes. Eden indiqua à mon cousin qu'il craignait de voir la revendication juive aboutir à un effet inverse dans l'opinion publique : que tous les Juifs partent donc en Palestine. Je ne sais quel écho ces paroles ont trouvé chez mon parent. Si elles ont pu provoquer insécurité, angoisse dans l'inconscient d'un personnage respecté, membre d'une famille anglaise honorée depuis un siècle et demi, accueillie avec faveur dans tous les milieux, j'en serais bien attristé. Ce n'est qu'une anecdote. Elle indique pourtant qu'un malaise persiste chez bien des Juifs, y compris les plus prestigieux. Nombreux sont ceux qui savent jouer de cette inquiétude.

Je suis à la fois prudent et optimiste. Prudent quant à l'immédiat, optimiste pour l'avenir. Je tiens toutefois à préciser que l'absence de discrimination n'a de sens qu'absolue. Elle suppose l'acceptation totale ou l'indifférence elle aussi totale. Toute formule qui exprimerait une réserve, même bienveillante, aboutirait au renforcement de la discrimination. La tolérance, la compréhension,

La bête

la générosité, la largeur d'esprit sont, en ce domaine, de fausses valeurs.

La condescendance est une torture pour les écorchés.

CHAPITRE XIV

Terre promise, terre de feu

> « Pour Israël la frontière entre le possible et la survie est à peine perceptible. »

Après la Seconde Guerre mondiale, dès 1945, l'Angleterre, puissance mandataire de la Palestine, se lançait dans un combat choquant pour empêcher les survivants du massacre de débarquer en Terre promise. Cette mini-guerre entre les « boat people » juifs et la marine britannique, entre les Juifs de Palestine et l'administration coloniale, ponctuée de sabordages héroïques, d'exécutions et d'assassinats, provoqua contre Londres l'indignation des opinions publiques occidentales. Mais les gouvernements étaient, avant tout, préoccupés par la reconstruction de leur propre pays. Sous la pression de l'opinion publique américaine, les Anglais furent contraints de se retirer.

Terre promise, terre de feu

L'attaque en règle des pays arabes qui s'ensuivit fut repoussée par les « sans-culottes » juifs dans des conditions rocambolesques alliant courage, ingéniosité, enthousiasme et imagination.

Lord Weldenfeld, éminent éditeur anglais, rapporta les propos d'un officier de char israélien lors de la guerre des Six Jours en 1967. Celui-ci avait attaqué les lignes ennemies sans attendre la protection et la couverture aériennes estimées indispensables : « Mais j'étais couvert, je n'étais pas seul. J'avais derrière moi toute l'artillerie et tous les rangs serrés des Armées de la Nuit : Auschwitz, Treblinka, Buchenwald. »

L'Occident salua la déclaration d'indépendance d'Israël, le 14 mai 1948, comme une nouvelle étape de la libération des peuples et de la décolonisation. Pendant cette soirée d'une douceur printanière, je me souviens avoir remonté les Champs-Élysées bras dessus, bras dessous avec Mme Mendès France. Autour de nous, il y avait une foule heureuse mais clairsemée. L'événement n'était, en fait,

Ma fidélité

que la consécration formelle d'une situation acquise depuis quelques mois. Dans cette charmante euphorie, nous ignorions tous les conséquences de cette affaire israélienne sur l'état du monde.

Avant l'apparition du nazisme, les Juifs enracinés en Europe de l'Ouest n'étaient pas sionistes. Ils ne partageaient pas l'idéologie nationaliste de Theodor Herzl. Citoyens de leurs pays respectifs, leur judaïsme était avant tout d'ordre religieux. Ils n'avaient pas la moindre intention d'émigrer dans un pays « étranger » qui relevait, pour partie, de l'imaginaire. La plupart d'entre eux ne voulaient même pas qu'une pareille idée puisse leur être prêtée.

L'ouragan nazi a balayé ces confortables certitudes. Personne n'a plus mis en doute que la Palestine devait accueillir les survivants qui en avaient le désir. Israël était un refuge, mais Israël est aussi devenu un espoir : que la nouvelle nation sache établir la justice sociale et imposer un scrupuleux respect des Droits de l'Homme. Bref, une attitude à l'opposé de

Terre promise, terre de feu

celle que tous ces immigrants avaient dû subir. Au siècle dernier, tous ceux qui avaient rejoint l'Amérique partageaient ce même espoir : en abandonnant l'Europe, ils abandonnaient aussi l'autoritarisme antidémocratique. Les Israéliens étaient fiers de ces objectifs moraux. Ils ne manquaient pas une occasion de montrer aux visiteurs étrangers toutes les réalisations qui allaient en ce sens. Ceux qui étaient originaires de Russie, de Pologne et d'Europe centrale avaient importé jusqu'en Palestine, et depuis les années 20, une idéologie socialiste et égalitaire, respectueuse de la liberté sous toutes ses formes. Le peuple israélien avait trouvé là tout naturellement les bases du futur État. Cette attitude remplissait de fierté les Juifs de la diaspora. Ils n'avaient pas pour autant l'intention de devenir israéliens.

Les choses ne pouvaient en rester là : les impératifs de sécurité allaient imposer plus de réalisme.

A la naissance de l'État d'Israël, personne n'a mesuré à quel point les relations israélo-arabes étaient difficiles, complexes, source de

Ma fidélité

conflits à répétition. Celui de 1967 s'achèvera par l'occupation des territoires arabes de Cisjordanie et de Gaza. Au moment où le colonialisme était partout rejeté, où la morale internationale interdisait aux puissants d'utiliser toutes leurs armes pour asservir les faibles, où l'Amérique n'a pas osé écraser le Viêt-nam communiste, les Israéliens ne pouvaient en aucun cas espérer tenir pour toujours sous leur joug la population palestinienne. L'impossibilité est avant tout morale. Je conviens qu'elle se heurte à des exigences politiques.

Politiques parce que Israël a besoin, pour sa sécurité et pour son développement, d'une frontière qui ne passe pas dans les faubourgs de sa capitale.

Mais la morale... Les Palestiniens ne peuvent être ni chassés ni colonisés. Les Juifs de la diaspora sont sensibles à ce problème. Leur éducation, leur sensibilité les poussent à souhaiter un arrangement territorial qui offrirait la liberté politique aux Palestiniens. L'occupation, inexorablement, conduit Israël, souvent malgré lui, à des comportements répressifs.

Terre promise, terre de feu

Les Juifs de la diaspora souffrent sans approuver. Ils voudraient que l'image d'Israël reste noble et admirée.

Dès 1967, après la victoire des Six Jours, j'avais la certitude qu'Israël ne pouvait pas se permettre d'occuper une terre étrangère. D'autant que son peuple savait ce que souffrances et oppression voulaient dire. Je n'ai convaincu personne d'important, d'influent, si ce n'est mon vieil ami Teddy Kollek, le maire de Jérusalem. Feuilletant mon livre de Mémoires, j'ai retrouvé ces quelques mots, hélas prophétiques : « Il est encore plus difficile d'occuper que d'être occupé »... J'ai eu un pressentiment qui s'est réalisé. Mais peu importe ma réflexion d'un moment. Je passais sous silence un problème de première grandeur : la sécurité militaire.

Nous avons tous sous-estimé l'intensité du sentiment religieux qui enflamme le monde arabe. Que des « infidèles » vivent sur une terre considérée comme « islamique » est un sacrilège inexpiable. Israël ne fait pas face à une opposition nationaliste telle que nous la comprenons en Occident, mais à une guerre sainte perpétuelle.

Le chemin de la paix passe par la négociation avec les États voisins, et non pas exclusivement par un tête-à-tête avec les Palestiniens de Cisjordanie. Les récentes ouvertures réciproques israélo-syriennes sont de bon aloi car Damas est jusqu'ici l'ennemi le plus puissant, le plus volontaire, le plus déterminé d'Israël.

Le problème des relations judéo-arabes en Cisjordanie et en Israël est en définitif semblable à celui que pose en Europe la coexistence de communautés, d'ethnies et de nationalités hétérogènes. Israël vit les mêmes tempêtes que les plus vieux peuples avec leurs immigrants.

Les Juifs ont conquis leur indépendance politique et nationale. Cet événement a marqué le retour de la combativité juive. Pendant des siècles, les diverses communautés juives n'avaient eu d'autre choix que de subir, réservant à Dieu leur soumission et leurs faibles espérances. La révolte du Ghetto de Varsovie, en 1944, avait déjà renoué avec la tradition juive de résistance désespérée. Les Juifs se souvenaient de Massada. Souffrant à des degrés divers d'une discrimination souvent subtile, les Juifs, dans leur inconscient, tendent à ressentir une sorte d'infériorité congénitale, comme s'ils méritaient que leur dignité d'homme soit bafouée. Dès l'instant où il y a certitude que les Juifs, plus jamais, ne se laisseront faire, ces sentiments obscurs sont exorcisés, la souffrance s'évapore. Les avanies ne blessent plus. Elles provoquent, au contraire, un sursaut de fierté, sinon d'agressivité.

Après la création d'Israël, les Juifs se sont sentis, en quelque sorte, décolonisés. Dans les années qui ont suivi, prenant la parole à propos d'Israël, j'ai utilisé un jargon psychanalytique pour expliquer mon point de vue. Regagnant ma place, j'ai découvert mon ami Walter Eytan, ancien professeur à Cambridge, ambassadeur d'Israël en France, cherchant vainement à traduire en hébreu une de mes expressions, « le moi décolonisé ». Les Juifs de l'Occident sont entrés dans la modernité grâce à leur

Ma fidélité

intégration dans l'environnement. En fondant Israël, les sionistes ont rejoint la modernité des nations grâce à la structure étatique. L'analogie avec les royaumes bibliques de David et de Salomon ne peut être retenue. La création d'Israël a bel et bien provoqué une révolution dans l'histoire trois fois millénaire des Juifs. Israël, né sur le champ de bataille, porte en lui le germe de conflits sans nombre avec le monde arabe qui l'entoure. Israël provoquera aussi des mutations imprévisibles dans la diaspora d'Europe et des États-Unis.

La coexistence d'un État laïc avec un judaïsme traditionnel ne peut pas être harmonieuse, malgré les efforts des uns envers les autres. Poussé par les besoins de sa défense et par les difficultés économiques, Israël est sans cesse orienté vers les développements scientifiques les plus modernes. L'avant-garde est souvent en opposition avec la tradition. Pour Israël, la modernité c'est la vie, le mouvement. Le judaïsme, lui, repose sur la légitimité culturelle et historique. Les deux attitudes ne font pas toujours bon ménage.

Terre promise, terre de feu

Les Juifs de la diaspora souhaitent qu'Israël parvienne à établir des relations acceptables avec ses voisins de l'intérieur et de l'extérieur, attitude confortable au plan moral. Mais les Juifs de la diaspora ne courent, eux, aucun risque. Ce n'est pas le cas des Israéliens. Il y va de leur survie.

Je ne sais pas s'il existe une solution qui puisse à la fois garantir la sécurité d'Israël et assurer au million et demi de Palestiniens le droit de tout peuple à disposer de lui-même. Je crains que l'impératif géographique n'autorise que des solutions imparfaites.

Les États sont des monstres froids et une petite nation comme Israël ne peut s'en remettre à ses protecteurs d'un moment. Les Tchèques, les Arméniens, les Kurdes en savent quelque chose. Entre les intérêts fondamentaux d'une nation, les réalités diplomatiques ou militaires et les préoccupations affectives, morales, il y aura toujours des choix déchirants à faire.

La politique, c'est l'art du possible. Pour Israël, la frontière entre le possible et la survie

Ma fidélité

est à peine perceptible. Avant l'horreur nazie, les Juifs étaient solidaires des communautés opprimées. Ils sont désormais solidaires d'Israël. Il y a eu l'incertitude des premières années et puis, en 1967, l'angoisse. Si Israël avait été anéanti, c'eût été pour nous, Juifs de la diaspora, la tragédie du désespoir, le signe définitif d'une malédiction irrémédiable.

Les victoires militaires, les progrès accomplis dans tous les domaines ont fini par donner à Israël le statut respectable d'une nation à part entière. Dès lors, les destins des Israéliens et des Juifs de l'Occident prennent des chemins pour partie divergents. Si le citoyen français, anglais, américain juif ne partagera plus les dangers et les succès du Juif d'Israël, Israël demeure pour lui, à chaque menace, un sujet d'inquiétude, un sujet d'admiration enthousiaste quand, dans un sursaut épique, David ose contrer Goliath.

CHAPITRE XV

Dieu est-il atomique ?

> « On ne saurait déshumaniser Dieu impunément. »

La morale procède d'une instance supérieure qui impose des devoirs et le respect de ses commandements. Elle est l'affaire de tous, que l'on soit ou non religieux. La distinction entre celui qui a la foi et celui qui ne croit pas s'estompe. C'est une affaire intime. Il faudra attendre la fin du XIXe siècle pour que, dans notre pays, la religion ne soit plus associée au pouvoir politique. Les tenants de la laïcité n'ont plus fait figure de révolutionnaires anarchistes.

La foi est une grâce. Elle n'est pas accessible à tout le monde. Ceux qui ne parviennent pas à croire en une instance abstraite, divine, qui n'en éprouvent pas le besoin, ne sont pas pour

Ma fidélité

autant des matérialistes. Je peux même imaginer des personnes religieuses qui, pourtant, ne croiraient pas à une vie future. Malgré l'apparente contradiction, une foi désintéressée, parce que n'apportant aucun soulagement à l'angoisse de la mort, serait digne d'admiration. Elle serait, à l'évidence, doublée d'une forte composante morale.

Dieu pourrait nous avoir imposé de n'être que ce que nous sommes, d'accepter sans sourciller notre condition mortelle, tout en nous accordant une supériorité sur les animaux : être conscients de notre sort, avoir la faculté de nous soumettre à lui et de le vénérer.

En matière de religiosité, il y a beaucoup de place, de nuances entre le zéro et l'infini.

A bien des égards, les préceptes qui s'imposent à ceux qui ont la foi et aux incroyants sont les mêmes : refus de l'intolérance, sévérité envers soi-même, connaissance de ses faiblesses, rejet de l'angélisme, obligation d'être modeste. Pas plus les croyants que les autres ne deviennent pour autant des saints.

Dieu est-il atomique ?

L'élévation de l'âme ou l'observance de pratiques religieuses ne sont pas des gages de moralité. Mais elles établissent les bases nécessaires au fonctionnement d'une société libre.

Les pratiques religieuses contribuent aussi à développer la noblesse, la grandeur qui ont fini l'une et l'autre par s'incruster dans l'âme humaine. Tout le monde accorde à quelques personnages une stature exceptionnelle. Quels que soient leurs « exploits », l'opinion les reconnaît avant tout en fonction de leur valeur morale, de la noblesse de leurs motivations.

Dans cette humanité à laquelle nous appartenons, nous recherchons la grandeur. Nous avons envie de percevoir, au-delà de nous-mêmes, une forme d'élévation vers laquelle tendre. Outre les actions individuelles, nous pouvons trouver de la grandeur dans des actes collectifs inlassablement répétés. Les milliards de fois où des hommes et des femmes, depuis des siècles, disent la même prière, avec le même respect, la même soumission et le même espoir, voilà le témoignage, par le poids du nombre, par la répétition sans fin d'un geste

Ma fidélité

infime, d'une vraie grandeur humaine. Il n'y a certes pas d'éclat; cela ennoblit pourtant l'humanité tout entière. Une sorte de matière spirituelle composée, elle aussi, comme toute matière, d'une infinité de molécules. Mais la religiosité, la soumission à Dieu, se situent plus loin, plus haut.

La religion chrétienne est accessible; elle est proche de l'homme. Elle a d'abord supprimé la circoncision. Cela a facilité la conversion des païens adultes. Ensuite, l'existence de Jésus, à la fois inspirée et humaine, projette une image que chacun peut retenir et assimiler. Le Christ console, pardonne, intercède auprès de Dieu. Il fait appel à des sentiments — amour et abnégation — à la portée des humbles comme des grands. Le paradis chrétien évoque pour moi des notions à la fois abstraites et nobles : d'abord, le jugement de sa propre conscience, au terme de la vie; ensuite, un concept de bonheur accessible ici-bas, aussi bien que dans l'autre monde. Peut-être est-ce le fruit d'une imagination fantaisiste : je me représente le paradis, a contrario du bonheur usuel qui est un état, comme un instant d'éblouissement, où

Dieu est-il atomique?

l'être est transporté au-dessus de ce qu'il se croyait capable de ressentir. Fugitif comme le rayon vert, il s'agirait, par exemple, d'un moment d'extase religieuse, d'une émotion fulgurante, amour ou triomphe, d'une perception artistique saisissante. Instant de joie ineffable dont les croyants peuvent espérer la promesse dans l'au-delà.

Prenons un instant le sillage des hommes de science. Parmi la masse de connaissances nouvelles que les physiciens mettent à notre portée, il y en a qui nous touchent de près; d'autres semblent ne pas nous concerner. Il est maintenant admis que le Soleil, comme toute étoile, s'éteindra sans doute après une explosion, dans quelques millions, dans quelques milliards d'années. Le phénomène se situe dans l'espace-temps, tellement hors de notre portée qu'il sort de notre faculté de compréhension. Et pourtant! Cela signifie que l'humanité est appelée à disparaître sans laisser de traces. Or chacun de nous envisage sa propre mort comme un chaînon dans la perpétuation éternelle de l'espèce. L'implosion du système solaire contredit donc la certitude

Ma fidélité

essentielle sur laquelle repose notre confiance, notre sécurité. Étant donné son immense éloignement, il est naturel d'enfouir ces angoisses. Quand elles me viennent pourtant à l'esprit, c'est avec un éclair de tristesse, en pensant à mes enfants et petits-enfants, comme s'ils devaient être exposés à des inquiétudes pour eux-mêmes, pour leurs descendants. Mon imagination limitée, incapable d'envisager cet aboutissement en temps réel, procède à la plus absurde des contractions pour mettre en scène la pièce sur le théâtre de ma propre vie.

Pourtant les choses n'en resteront pas là. Certains ouvrages mettent à notre portée des notions quant à la taille et au contenu de l'atome, quant au déroulement de la première seconde du « big bang ». Tout cela me laisse perplexe. L'infinité de notre insignifiance éclate à mes yeux de pauvre mortel et m'inspire une profonde humilité.

Ainsi est mise en évidence une force mystérieuse dont sont dotées les molécules, aussi bien les corps inertes que les tissus vivants. Cette force conduit à une organisation des

Dieu est-il atomique?

éléments, à un comportement « intelligent », c'est-à-dire variable en fonction des autres molécules. Ainsi, en chauffant un liquide, les molécules se regroupent de façon à former des cellules hexagonales. Ainsi, les cristaux de neige ont des figures géométriques ordonnées, toutes différentes. En somme, il s'agit d'une énergie qui se manifeste partout et qui conduit à un ordre profond. Le géophysicien Claude Allègre va plus loin encore : il montre qu'au cœur des étoiles, à des températures atteignant des milliards de degrés, une réaction nucléaire est à l'origine des 92 éléments chimiques constitutifs de l'univers, y compris, bien entendu, de notre planète. Dans le noyau des atomes, il y a une prodigieuse réserve d'énergie qui commande le monde. Les croyants, eux, y voient une preuve de l'existence de Dieu.

Assimiler une énergie intemporelle et universelle à une manifestation divine, c'est rendre Dieu plus abstrait encore, plus lointain, moins compréhensible pour l'homme. A mesure que nous nous éloignons de l'ignorance, l'horizon religieux s'éloigne à son tour.

Ma fidélité

La morale laïque prend alors plus d'importance et d'élévation. La science ne prouvera jamais la réalité de Dieu, pas plus qu'elle ne démontrera sa non-existence. Mais la connaissance éloigne la croyance de notre esprit. Elle affaiblira par là même l'attachement affectif que lui portent les croyants.

Et pourtant, nous avons besoin des croyants, de toute la force de leur dévotion, de leur vertu, de leur morale... pour affronter le siècle prochain...

On ne saurait déshumaniser Dieu impunément.

TABLE

Avant-propos 9

PREMIÈRE PARTIE : MON CŒUR 13

    I. Mon ombre siamoise 15
    II. Une banque chasse l'autre 29
    III. Les belles illusions 42
    IV. Un homme se penche sur son basset . 58

DEUXIÈME PARTIE : MON PAYS 69

    V. La mère des vertus 71
    VI. Une affaire d'initiés 91
    VII. La nouvelle donne 114
    VIII. L'argent maléfique 123
    IX. La tutelle républicaine 134
    X. A front renversé 143
    XI. La menace de l'aube 154

TROISIÈME PARTIE : MA FIDÉLITÉ 175

    XII. Ma fidélité 177
    XIII. La bête 186
    XIV. Terre promise, terre de feu 198
    XV. Dieu est-il atomique ? 209

Impression réalisée sur CAMERON par
BRODARD ET TAUPIN
La Flèche
pour le compte des Éditions Grasset
en avril 1993

Imprimé en France
Dépôt légal : avril 1993
N° d'édition : 9128 - N° d'impression : 1834H-5
ISBN : 2-246-47071-4